中国对外贸易对人民币国际需求的影响研究

刘　璐◎著

中国财经出版传媒集团

经济科学出版社

Economic Science Press

图书在版编目（CIP）数据

中国对外贸易对人民币国际需求的影响研究/刘璐
著．－－北京：经济科学出版社，2022. 10
ISBN 978 - 7 - 5218 - 4063 - 6

Ⅰ.①中… Ⅱ.①刘… Ⅲ.①对外贸易 - 影响 - 人民
币 - 国际货币 - 货币需求 - 研究 - 中国 Ⅳ.①F822

中国版本图书馆 CIP 数据核字（2022）第 182318 号

责任编辑：周国强
责任校对：王肖楠
责任印制：张佳裕

中国对外贸易对人民币国际需求的影响研究
刘 璐 著
经济科学出版社出版、发行 新华书店经销
社址：北京市海淀区阜成路甲 28 号 邮编：100142
总编部电话：010 - 88191217 发行部电话：010 - 88191522
网址：www. esp. com. cn
电子邮箱：esp@ esp. com. cn
天猫网店：经济科学出版社旗舰店
网址：http://jjkxcbs. tmall. com
固安华明印业有限公司印装
710×1000 16 开 13. 75 印张 230000 字
2022 年 10 月第 1 版 2022 年 10 月第 1 次印刷
ISBN 978 - 7 - 5218 - 4063 - 6 定价：82. 00 元
（图书出现印装问题，本社负责调换。电话：010 - 88191510）
（版权所有 侵权必究 打击盗版 举报热线：010 - 88191661
QQ：2242791300 营销中心电话：010 - 88191537
电子邮箱：dbts@ esp. com. cn）

前　言

　　人民币国际化是世界经济发展和国际货币体系变革中的重要问题。自 2009 年人民币跨境结算试点以来，人民币国际化有了显著进展。截至 2020 年，人民币已经成为全球第五大支付货币、第五大储备货币、第三大贸易融资货币和第八大外汇交易货币。但是受到外部摩擦和内部约束的影响，人民币国际化在 2015 年后表现出发展变缓的特征。如何进一步促进人民币国际化成为我国政府和学者们共同关注的热点和难题。

　　人民币国际化的关键是人民币国际需求的持续增长，对外贸易是需求增长的重要路径。英镑、美元等历史经验及国际货币经典理论说明了对外贸易是货币国际需求产生的重要原因和增长路径。随着世界经济和金融体系的不断发展，虽然直接投资和金融投融资的作用也愈发重要，但是在我国现阶段金融市场不够成熟、资本市场无法全面开放的条件下，对外贸易仍然是培养人民币国际货币需求的主要力量。

我国是世界贸易大国，贸易规模、出口的国际市场占有率均为世界第一，但是人民币国际化水平不高、国际需求有限，这似乎与国际货币的历史经验与相关理论结论相悖。为解释我国对外贸易和人民币国际地位不平衡的问题，弥补相关研究的不足，对人民币国际化提出有效策略建议，本书旨在回答对外贸易影响货币国际需求的机理是什么？中国对外贸易对人民币国际需求影响如何？异质产业的对外贸易在对人民币需求的影响上是否存在差异？

从现有研究来看，近十几年来人民币国际化问题研究不少，许多研究参考了国外学者对国际货币的研究框架和观点，却忽略了人民币国际化的特殊性。并且，聚焦对外贸易和人民币国际化关系的研究较少，更缺乏对我国贸易地位与货币地位的不平衡问题上的关注与分析。在贸易影响货币国际化的问题中，多数学者重视整体贸易规模或出口单方向的作用，但忽略了进口、贸易结构、竞争力等重要问题。随着人民币国际化进程和研究发展，进口及贸易结构的影响逐渐受到重视，"贸易强国"和"进口大国"等支撑人民币国际化长远发展的观点被提出，但系统论证方面的研究有待加强。总体来说，针对对外贸易对人民币国际需求的影响，专门的、深入的、系统性的研究较少。

本书从微观到宏观，系统深入地分析了对外贸易对货币国际需求的作用机理和影响路径，提出了对外贸易创造货币国际需求的"乘数效应"逻辑，对人民币国际需求进行了科学测算，实证了中国对外贸易对人民币国际需求的影响，并创新性地比较分析异质产业贸易的货币国际需求影响差异。

在理论研究中，本书深入剖析了对外贸易对货币国际需求的影响机理。先是基于企业利益最大化构建了贸易货币的选择模型，在巴切塔与温库普（Bacchetta & Wincoop, 2005）研究基础上进行拓展，解析了垄断市场和竞争市场下的货币选择条件，发现贸易产品要素密集性、需求价格弹性、主要生产要素的产出弹性、市场竞争性等是贸易货币的重要决定因素，得到需求价格弹性越小、主要生产要素产出弹性越大、出口市场份额越大，越容易出现出口国货币计价等重要结论，这些结论也为异质产业贸易的货币国际需求作用差异提供了理论依据。然后将蒙代尔－弗莱明模型引到货币国际化背景下进行修正，在商品市场、货币市场和国际收支的互动关系中分析了对外贸易对货币国际投资、储藏职能的间接影响，提出了对外贸易对货币国际需求产生有"乘数效应"的观点。并且，在机理研究的基础上，进一步提炼并阐释了贸易规模、贸易差额、贸易产品差异性等影响货币国际需求的内在路径，并据此提出本书的重要假设。

在实证研究中，本书分析了世界货币的一般经验和人民币的特殊案例。首先，通过对 7 种主要世界货币进行动态面板 SYS-GMM 分析，实证对外贸易的规模、贸易差额、贸易产品差异度对货币国际需求影响，得出贸易规模和产品差异度提高促进货币国际需求的结论，同时发现贸易顺差不利于已经处在国际化后期的货币国际需求继续增长，并证实了货币需求有自我增强的惯性效应，表明美元等主要世界货币的惯性作用是人民币或其他货币的国际化发展中的一大阻碍。其次，在对人民币的分析中，应用国内需求扣除的间接测算法对人民币国际需求进行了估计，再使用 VAR 模型及协整检验、脉冲响应、方差分解对我国进口规模、出口规模、贸易产品差异度的影响进行分析，发现出口和进口扩大、产品差异度提高都对人民币国际需求有促进作用，其中产品差异度的影响较大，但是进口和产品差异度的影响有一定的滞后。最后，对贸易产业进行细分，分别从出口、进口两方面实证比较我国资源密集型产业、劳动密集型制造业、资本密集型制造业、技术密集型制造业、知识密集型服务业贸易对人民币国际需求影响效应。对结果比较发现：第一，我国贸易规模扩张对人民币国际需求有促进作用，现阶段出口作用大于进口作用。第二，不同产业贸易对货币国际需求影响有差异，其中，资源密集型产品贸易难以引致本币国际需求；劳动密集型、资本密集型制造业贸易扩大都有短期促进作用；技术密集型制造业出口可以为人民币国际需求增长提供更持久动力，而该类进口的长期增长会对人民币国际需求产生负向影响。这些结论说明：人民币国际需求增长仍需贸易规模支撑，初期出口扩大仍然重要，在中后期应重视进口拉动；并且应依靠产业升级带动贸易结构和竞争力提升，提高出口产品的差异性，使我国出口商占据更高的议价地位，以使为人民币定价结算获得更多机会；注意异质产业贸易的影响差异，尤其应重视技术密集型产品出口的推动作用；加强国内金融和人民币离岸金融市场建设，助力本国对外贸易对本币国际需求的"乘数效应"产生。

目　　录

第一章

绪　　论

第一节　研究背景与问题提出

一、研究背景

人民币国际化问题是有关全球货币体系变革及我国经济战略的重要问题。人民币国际化的核心在于人民币的国际需求。2020年，中国人民银行在《人民币国际化报告》发布时就着重强调了市场驱动和需求培养的根本性和重要性。货币国际需求主要在进出口贸易、国际直接投资、金融投融资、外汇储备和私人储藏中产生，它有现实需求和潜在需求两个层次，货币国际化就是要在现有经济条件下满足现有需求以及持续激发新的需求潜能，让本币成为被广泛接受的、满足世界货币需求的货币。

人民币的货币需求和供给已经表现出明显的开放条件特征（项后军、潘锡泉，2011；梅建予、陈华，2017；等等），其国际化真正启程是从2008年人民币跨境贸易结算试点开始，目前仍处于起步阶段。在2008年以前，人民币国际化就有一定基础。1996年我国实现经常项目自由兑换。2001年我国加入世界贸易组织（WTO）之后，贸易与投资限制、外汇和资本管制逐步放松。2002年合格的境外机构投资者（QFII）计划启动。2003年中国银行（香港）有限公司被指定为官方人民币清算和结算的清算行。2004年香港银行开办个人人民币存款、兑换和汇款业务。2007年央行与国家发展改革委联合发布《境内金融机构赴香港特别行政区发行人民币债券管理暂行办法》（今已废止），"点心"债券标志离岸人民币债券市场产生。2008年跨境贸易人民币结算试点开始。2009年扩大范围至涵盖沿海、内地的20个省区市，意味着人民币国际化正式作为我国重要战略开始加速。2010年央行宣布允许部分相关境外机构进入内地银行间债券市场试点投资，境外人民币投资渠道的增加补充了人民币的国际回流机制。2016年人民币纳入国际货币基金组织特别提款权（SDR）货币篮子，人民币国际储备职能得到显著增强。至今，人民币国际化初显成效，搭建了经常账户和资本账户下的初级国际循环框架，并在跨境交易、投资、国际储备等多方面都有显著的地位提升。

但是，在国际地位方面，人民币与美元、欧元仍相距甚远，并且在进一步国际化中正值瓶颈。不论是中国人民银行发布的《人民币国际化报告》，还是相关金融机构和研究机构所编制的综合指数信息，都反映出人民币国际化发展有减慢的趋势。中国银行发布的跨境人民币指数（CRI）显示，跨境人民币指数从2011年12月的100至2015年8月达到321的历史峰值，但是之后持续下降，2016年2月下降到230，虽然到2019年底回到306，但都低于2015年时的峰值水平。中国人民大学国际货币研究所编制发布的RII指数也显示了相同走势。

人民币国际化的当前困境是"外部威胁"和"内部约束"同时阻碍下的结果。

在"外部威胁"方面，从全球经济新背景上看，在世界重要经济体在国际分工、全球价值链上争取利益的新形势下，中国经济大国地位得到进一步巩固，面临美国等其他大经济体的竞争和打压，目前已经在对外贸易摩擦等方面表现得十分明显。以美国为首的一些国家畏惧中国经济地位上升太快的同时人民币货币地位也逐渐占优，威胁到其长远利益，故必将压制人民币的国际地位。同时，美元目前仍居于难以撼动的世界货币中心地位，而各经济主体的货币选择受到网络效应、选择习惯、利益博弈等因素影响，有明显的经验性"惯性"，所以人民币国际化要进一步推进势必会遇到外部制衡和诸多限制。

在"内部约束"方面。我国虽然经济发展迅速，跃升大国行列，但存在经济产业结构失衡、产能过剩、在全球价值链中地位不高、贸易竞争力弱等问题，使得推进我国货币国际化的经济基础不够扎实。具体来说，我国正处于内部经济转型升级和外部经济摩擦加剧的阶段，依靠"消费、投资、进出口"需求侧的拉动逐渐失效，"人口红利"等支持过去高速增长的优势逐渐失去，新的经济增长点和发展模式也尚在培养中。虽然我国已经开始了一系列经济改革与调整，然而转变增长模式、优化升级结构、提升世界竞争力还需要较漫长的过程，难免导致国内外对未来中国经济的不确定预期，从而影响对人民币的信心。除此之外，我国虽是经济大国，却还不是金融大国，更非金融强国。随着我国资本与金融账户开放、人民币国际化程度加深，金融传感效应更强，潜在系统性风险加剧（张萌，2015）。在此背景下，未来较长的一段时期内，中国的资本管制、外汇管制绝不会贸然彻底放开，仍然会有较多限制。所以，我国目前外汇管制、资本与金融账户管制和人民币国际化共存，它们之间的矛盾必定对人民币进一步国际化造成一定程度的阻碍。

虽然存在诸多不利因素，人民币国际化也迎来新的机遇。全球政治经济格局的重构为人民币提高国际地位的战略带来新的契机。据中国人民银行《人民币国际化报告（2020）》中数据显示，2019年人民币跨境使用逆势增长，全年银行代客人民币跨境收付金额同比增长24.1%，在国际货币基金组织成员国持有储备资产中的比重提升到1.95%，在国际货币支付中的市场份额提高到1.76%。此外，我国供给侧结构性改革初步取得成效，经济发展稳步向上，有利于稳定世界市场对人民币的信心，且为人民币国际化提供了更为坚实的经济基础。再次，"一带一路"倡议、多层级试验区和对外援助等战略促进我国企业的跨境布局，加快了人民币的对外直接投资与金融投融资。另外，中美贸易摩擦、主要世界货币汇率波动、新冠肺炎疫情后世界政治经济复杂多变，使世界货币存在更加多元的需求，降低对美元的依赖。目前，伊朗等多个主要石油输出国已经开始出现"去美元化"的趋势，人民币等货币则可能成为新的选择目标。

基于上述背景，本书认为对外贸易仍是现阶段促进人民币国际需求、提升国际化水平的主要路径和培养重点，也符合人民币国际化服务我国宏观经济的根本目的。一方面，依靠贸易结算及其相关拉动的人民币国际需求可以减缓资本与金融账户开放的压力、减缓金融资产的风险承担，还能够在构建人民币国际大循环和推进人民币国际化的同时，为未来金融驱动需求赢得时间。另一方面，可以有效防范金融风险和资本"脱实向虚"的问题，又能够通过贸易下的竞争机制、技术溢出和学习效应等倒逼我国产业升级发展与经济转型，让人民币国际化服务我国经济发展。

此外，人民币国际化的贸易路径需要产品、产业层面的思考，这一延伸是本书重要的可能性创新，目前从这一层面研究贸易对人民币国际需求的驱动比较缺乏，但却很有必要。如果货币发行国处于国际产业链的中低端，技术优势不足，产业竞争力较弱，贸易摩擦与经济制裁容易使该国的贸易地位降低、企业国际议价能力不足、本币国际化需求缺乏长期经济基本面保障。

二、问题提出

对外贸易是一国货币国际化的基础条件，贸易结算职能是国际货币的第一职能。在国际货币的研究中，国内外学者们通过对主要世界货币的历史研究与理论分析，一致肯定了对外贸易是货币国际化的基础和重点（Cipolla，1967；Rey，1999；Shams，2002；Anderson & Wincoop，2004；Frankel，2012；巴曙松，2003；孙海霞，2011；沙文兵，2014；彭红枫、谭小玉，2017；等等）。历史经验显示，国际货币最初就是为了满足国际贸易需要而产生的。16世纪，英镑首先成为世界货币的直接原因就是为了服务英国当时大规模的对外贸易活动。如今，美元占据当今的第一世界货币地位也与美国在世界贸易中的领导地位密切相关，美国巨额的贸易规模、广泛分布的贸易对象、足够的贸易地位和影响都是美元保持其国际地位的重要条件。

　　我国自改革开放以来，经过40多年的发展，目前已经成了世界第二大GDP经济体、第一大进出口贸易国。目前，我国的对外贸易规模居全球第一，贸易总额从1950年的11.3亿美元增长至2019年的4.6万亿美元。其中出口增长尤为迅猛，在2001年加入WTO之后，我国出口规模快速增长进入全球前五，2013年以来（除2016年）位居世界第一。在出口增长的同时，我国进口规模也不断扩大，党的十八大以来，我国对外贸易从以出口导向为主逐渐转变为出口和进口双管齐下推进。在这样的背景下，进口增长加速，2012年以来，我国出口每年增长约6%，进口每年增长约12%，进口量增长率比出口要高一倍，进出口贸易的顺差逐渐减少。①

　　与主要世界货币相比，我国贸易总额具有绝对优势，但是人民币国际需求不足，国际化程度处于低位水平。2019年，我国贸易规模位列第一，但是人民币国际化指数RII仅3.05，在全球外汇储备仅占2.01%（见表1-1）。美国贸易总额居于我国之后位列世界第二，但美元的国际化指数为50.05，在全球外汇储备中占61.46。究其原因，美国的世界政治经济地位和整体发达程度也是其他国家难以超越的，历史基础和现实条件都使它稳定居于世界货币体系中的中心地位。当然，人民币国际地位仍不可能在短期与美元比较，目前来说人民币国际化也不是以替代美元为目标的，而是在现实条件下争取进展。然而，与美元以外的其他世界货币比较，仍然存在中国贸易规模超越，而人民币地位较低的事实。此外，就我国自身而言，比较我国近几年的对外贸易和人民币国际化发展形势，也发现贸易增长、但人民币国际化放缓的矛盾。

---

　　① 中华人民共和国商务部数据统计及报告。

表 1 - 1   主要世界货币对外贸易与货币国际化程度排名（2019 年）

项目		美元	欧元	英镑	日元	人民币
货币发行国		美国	欧盟	英国	日本	中国
发行国贸易总额全球排名		2	德国：3 法国：5	6	4	1
货币国际化指数 （RII）	指数值	50.05	26.28	3.92	4.63	3.05
	排名	1	2	4	3	5
全球外汇储备构成 （COFER）	占比（%）	61.46	20.07	4.43	5.60	2.01
	排名	1	2	4	3	5

资料来源：根据世界贸易组织、国际货币基金组织和中国人民大学《人民币国际化报告》整理。

为什么中国的对外贸易迅速增长没有引起人民币国际需求的相应增长？在这个疑问下，本书聚焦对外贸易对人民币国际需求的影响，逐步展开问题进行研究：对外贸易中的货币选择是如何决定的？一国对外贸易对货币国际需求影响的内在机制和作用路径究竟是什么？本书对这些问题进行理论分析后，进一步探讨人民币国际需求的特征事实，从贸易规模、贸易差额和贸易产品差异性等方面揭示贸易影响货币国际需求的经验证据，并从产业细分中探索异质产业贸易对人民币国际需求差异，最后通过理论结论和实证结果思考，在未来，我国应该如何在现实约束下通过对外贸易这一途径进一步有效促进人民币国际需求、提高人民币国际地位。

第二节　研究意义

人民币国际化问题是现在世界经济研究领域中的热点问题之一，其相关研究内容广泛而复杂，其未来的路径选择、策略制定也是我国政府面临的重要问题。本书的研究具有重要的理论意义和现实意义。

一、理论意义

本书在国际金融、国际贸易、产业经济理论上构建逻辑链接，对国际货币理论研究进行了一定发展，也进一步丰富了相关问题研究中有关中国人民币案例的理论资料。具体包括：

第一，聚焦对外贸易对货币国际需求的影响。从微观到宏观层面系统且深入地分析了对外贸易驱动本币国际需求的影响机制，不仅丰富了货币国际化驱动因素的理论研究，也可以为进一步研究对外贸易对人民币国际化的影响奠定了坚实的理论基础。

第二，为国际货币研究领域增添人民币研究资料。国际货币的经典理论集中于分析发达国家的货币国际化历史经验，这些理论对人民币或者其他可能国际化的货币来说，其解释力有限。针对人民币的理论及经验进行分析，能为国际货币理论提供更多的研究资料，为未来国际货币体系的变化方向预测提供一定依据。

第三，拓展了国际货币研究中的产业端视角，这是目前比较新的研究视角，也是在西方学者国际货币研究的微观分析上的延展。本书在国际货币的现有理论上，从贸易大国但非贸易强国的视角，研究异质产业贸易对本币国际需求影响的差异，获得新的发现。

二、现实意义

本书研究的现实意义主要有以下几个方面。

第一，人民币国际化的现实研究需要认清全球经济利益争夺、经济摩擦加剧和我国经济转型的现实背景，也应置于我国中短期内无法彻底开放资本与金融账户等客观现实约束下进行。虽然从国际货币经验来看，直接投资、金融投资路径是重要的远期路径，但是现阶段这两条路径对于人民币国际化的作用都有限，尤其是金融路径，我国很难在中短期内建立起十分成熟发达且完全开放的渠道来促进人民币需求。然而，对外贸易下的人民币国际化现在仍具有较大潜力空间。因此，本书选择对外贸易进行深入剖析，对现阶段在约束条件下进一步推进人民币国际化更具现实意义。

第二，在现实分析上，客观评价以对外贸易路径促进人民币需求面临的约束与困境。不盲目肯定贸易总量的作用，从贸易差额、国家整体及产业贸易竞争力、贸易依存度等多方面综合评价人民币国际化的贸易基础，对相关研究机构和政府部门有一定的参考价值。

第三，在研究内容上，从贸易规模、贸易差额、贸易产品差异度三个主要贸易因素分析贸易对货币国际需求的作用，并分别实证进口、出口两方向的规模变化对人民币国际需求的影响，再细分产业考察异质产业贸易对人民币国际需求的作用差异。理论与实证结合分析，厘清对外贸易作用对人民币国际需求的现实机制，分析贸易路径下人民币国际需求促进存在的障碍，从产业层面找到有效推进人民币国际化的切入点，对人民币国际化的发展路径选择具有重要价值。

第三节　研究内容与方法

一、内容与结构

本书紧扣我国进出口贸易对人民币国际需求的影响问题，系统、深入地剖析对外贸易对货币国际化的影响机制，分析参考国际货币经验，对人民币国际需求进行科学测算，在此基础上，在宏观层面分析了贸易规模、贸易差额、贸易产品差异度的重要影响，在产业层面通过产业细分，比较分析不同类产业贸易对人民币国际需求影响的差异，最后根据研究结论提出相关政策建议。本书主要包括七个部分，其主要内容如下：

第一章是绪论，介绍研究背景，提出问题，对本书的研究意义、研究内容和结构、研究方法、可能性创新进行说明。

第二章是文献综述。从货币需求及国际货币定义出发，对本书研究相关的货币需求理论、国际货币理论与国际贸易理论进行概述，为本书的研究提供了坚实的理论基础。围绕本书研究的核心论题，对货币需求驱动方式和影响因素的相关研究进行了阐述，并针对先前研究者研究中有关对外贸易对货币需求影响的研究进行梳理。

第三章是对外贸易影响货币国际需求的机理分析。首先，对外贸易货币的微观选择模型构建与推论，从贸易企业利益最大化出发，通过模型构建进行充分的论证，发现市场竞争性特征、生产的要素密集度、要素的产出弹性和产品的需求价格弹性等因素是影响贸易中货币决定的重要因素，也是异质产业贸易对本币国际需求影响有所差异的重要原因。这一分析为微观机理部分，不但解释了对外贸易对货币国际需求的直接影响，也为后面实证中的产业分类提供了依据。其次，本书提出对外贸易影响货币国际需求的"乘数效应"，先是对蒙代尔－弗莱明模型进行货币国际化背景的修正与运用，在开放经济框架下，通过商品市场、货币市场和国际收支的互动机制揭示了对外贸易对货币国际需求的动态影响与乘数产生。再次，从规模经济、网络外部性、离岸市场发展等角度提出了聚集效应强化乘数的观点，也说明了对外贸易间接影响货币在贸易结算之外的其他职能上的需求产生。最后，在前面模型和机理的分析基础上，分析贸易规模、贸易差额、产品差异性等重要影响路径，并提出本书实证的主要假设。

第四章是人民币国际需求测算与贸易基础分析。此部分重点有两个：一是对人民币国际现实需求进行测算；二是从关系逻辑上分析人民币国际需求的对外贸易基础与需求增长面临的困境。具体包括在人民币国际化条件的视角上对我国对外贸易现状及其与人民币国际化的关联进行总结分析，对人民币国际化的需求综合现状和贸易、金融、储备多维度需求进行详细总结，并进一步分析在这样的贸易现实下人民币需求引致的困境。其中，人民币国际需求的估算部分采用"国内需求扣除"的间接测算法，对 2009 年后的人民币国际需求进行测算，该测算结果一方面对人民币国际需求量有较为科学的参考价值，且为后面实证提供了数据基础。

第五章是世界货币经验：对外贸易对货币国际需求的影响。首先围绕对外贸易的影响，对英镑、美元、日元的国际化进行经验分析，特别从美元和日元的国际化经验中总结分析贸易的促进与贸易中问题带来的障碍。其次，用美元、英镑、欧元、日元、加元、澳元、瑞士法郎七种主要国际储备货币进行动态面板 SYS-GMM 数据分析，分析贸易规模、贸易差额、产品差异性等主要贸易相关因素，以及汇率波动性、金融发展程度、直接投资等其他国际货币传统影响因素的影响。在此基础上，得到对人民币国际需求问题的一些启示。

第六章是中国对外贸易对人民币国际需求的影响实证。首先，使用 VAR 模型、脉冲响应和方差分解等方法对进口规模、出口规模、贸易产品差异度对人民币国际需求的长短期作用进行实证。其次，基于产业细分，从进口和出口两个方面，分别实证资源密集型产业、劳动密集型制造业、资本密集型制造业、技术密集型制造业、知识密集型服务业的进出口对人民币国际需求的影响差异，由此进行比较分析。

第七章是主要结论与政策建议。根据全书分析进行总结，提出政策建议。最后，评价了本书研究的不足，提出对未来研究的展望。

本书的框架见图 1-1。

二、研究方法

本书主要运用了以下研究方法：

（1）文献分析方法。通过整理货币需求、人民币国际化等相关文献资料，对这些文献资料进行研究，寻找新的研究视角，形成本书的研究框架、研究方法、研究思路。在此基础上得出本书与国内外相关研究成果的不同，从而形成本书的创新之处。

（2）宏观分析和微观分析相结合。对外贸易和人民币国际化虽是国家层面的重要问题，但实际基于微观企业的理性选择和博弈，其结果的实现又可以被归纳到产业的层次。本书在分析进出口贸易对人民币国际化的影响机制时，先基于贸易企业利益最大化，通过微观模型充分论述企业跨国贸易中影响货币国际需求的影响因素，并运用经典的 IS-LM-BP 修正模型进行货币国际化背景下的修正和运用，动态地分析二者在宏观经济运行中的逻辑关系。

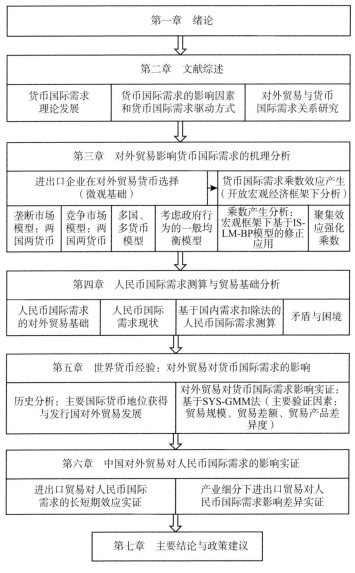

图 1-1 本书的研究框架

（3）静态分析和动态分析相结合。首先，对外贸易本身会在国家产业发展变迁、对外开放和世界经济格局动态下出现特征变化。其次，对外贸易对货币国际需求的长短期效果会有不同，在实证中也有所反应。最后，货币需求本身也可能会因为货币国际地位进行自我强化，因此货币地位会对未来的货币需求会产生作用，因此理论和实证中都考虑了"网络外部性""惯性"类的因素。

（4）理论模型与实证检验相结合。在理论分析中：首先，通过理论推理构建对外贸易对货币国际需求的宏观机制。其次，基于企业利润最大化的条件在结算货币选择上进行建模，充分考虑市场竞争特征、要素的产出弹性、市场份额等因素论证货币选择的理论条件。最后，在理论分析基础上进行实证。一方面是基于世界货币的面板数据，构建动态的系统广义矩估计（SYS-GMM 模型）对外贸易规模、贸易差额、产品差异度对货币需求的影响分析；另一方面是基于分段时间的国内需求扣除法估算人民币的国际需求规模，再构建 VAR 模型，通过协整分析、脉冲响应、方差分解等方法对进出口贸易对人民币境外需求的影响进行检验，再进一步对贸易产业进行细分，对异质产业贸易对人民币国际需求的影响差异进行实证分析。

（5）比较研究方法。本书的比较研究主要在三个方面有所体现：其一，在实证分析部分，先进行国际经验分析，再对中国经验进行分析，比较贸易相关因素影响是否具有世界普遍性和中国特殊性；其二，在研究我国对外贸易对人民币国际需求影响时，对进口和出口的影响分别论证、进行比较；其三，在研究异质产业的影响差异时，通过对对外贸易构成的主要产业进行分类研究，并对结果分析比较和归纳总结。

第四节　研究的可能性创新

本书的可能性创新主要在以下方面。

第一，提出对外贸易对货币国际需求产生有"乘数"效应的观点和对应的理论分析。大部分文献在研究对外贸易对货币国际化的作用时，仅考虑了对外贸易中计价结算货币的选择与决定，但事实上对外贸易的扩大会通过商品市场和货币市场的联动、经济冲击在各国间的传播与反馈、离岸金融市场发展等形成间接影响，拉动投资投机职能需求、储藏职能需求，从而产生对货币国际需求增长的乘数作用。为了梳理这一逻辑，本书基于货币需求经典理论的思想，尝试对经典的蒙代尔－弗莱明模型进行货币国际化下的修正，运用修正模型，在开放宏观经济框架中刻画了对外贸易对货币国际需求产生乘数的作用机制。

第二，提出并实证了"异质产业贸易对货币国际需求影响的差异性"的新问题。从贸易结构视角对货币国际化的影响的研究很少，从产业细分出发更是鲜有。基于国内外的前沿研究和本书的机理分析，本书在实证部分中按要素密集度细分产业，比较资源密集型产业、劳动密集型制造业、资本密集型制造业、技术密集型制造业、知识密集型服务业的贸易对人民币国际需求的影响差异。结果发现，劳动密集型制造业和资本密集型制造业进出口都有短期的促进作用。而资源密集型产业的出口和进口均不利于人民币国际需求增长。技术密集型产业贸易有较为长远的影响，技术密集型产业出口扩大对人民币国际需求增长有促进作用，而其进口对人民币国际需求有负向影响，反映出贸易结构的升级有利于我国人民币国际化的发展。

第三，在微观机理解释影响货币选择的因素时，突出了要素密集型、主导要素的产出弹性的重要性。本书基于巴切塔与温库普（Bacchetta & Wincoop，2005）的研究方法与内容进行拓展，从贸易企业利润最大化出发，先构建两国两货币的模型出发，再建立多国多货币的模型，分别对垄断市场和竞争市场进行分析，总结出市场竞争程度、产品需求价格弹性、要素密集性、要素产出弹性等因素对贸易中货币选择的影响，尤其是要素密集性、主导要素的产出弹性在现有文献中鲜有提及。这样分析使人民币国际化问题不再局限在宏观层面的研究，而是从产业、企业的角度支撑人民币国际化的问题研究，为其提供客观科学的理论基础与可行的应用参考。

第四，把对外贸易的研究细化到进口和出口。关于人民币国际化的贸易基础问题，现有文献多考虑贸易总量，或者仅解释出口的单向影响，很少有文献提及进口的作用，相关论证更是缺乏。但是，随着我国进口规模的不断扩大，国际商品市场中出现了更多的出口商在寻求美元之外的货币进行结算，我国部分学者认识到进口对本币国际需求的拉动作用，提出了中国成为进口大国将对人民币国际化产生重要影响的观点。因此，本书在分析时考虑了出口和进口的作用，并在实证中分别证明我国出口和进口对人民币国际需求的影响，结果发现对于现阶段的人民币国际需求来说，出口拉动的作用仍比进口的大。

第五，用新的时间分割点对人民币国际化推进背景下的人民币国际需求进行了重新测算。本书使用了"两段时间的国内需求扣除法"对人民币国际需求进行测算，解决了人民币国际需求数据的不足的问题，也有利于对人民币国际需求量的变化趋势进行观察和预期。事实上，先前研究者已经有相关测算，但是由于研究目的不同，大多数测算选择的时间分界点较早，比如选取我国加入 WTO 的时间等，鲜有文献是以我国人民币国际化正式启动的时间作为分界点的。在人民币国际化问题的研究中，本书特地选择 2009 年作为分界点（人民币跨境结算试点扩大的时间），测算 2010~2018 年人民币国际需求，这一测算可为相关研究领域提供数据参考。

|第二章|
文献综述

第一节　货币国际需求理论的 研究发展

　　货币国际化的实质是货币需求突破了发行国的范围，并最终实现的过程与结果。货币国际化的核心则为货币国际需求的产生与增长，因此货币需求理论是相关问题研究的重要基础，其理论和相关思想贯穿了本书的研究。

　　货币需求理论是国际货币需求研究的基础。货币需求具有代表性的经典货币需求理论包括传统货币数量论、关于三大需求动机的凯恩斯货币需求理论以及关注货币需求决定因素的弗里德曼货币数量论等。其中，传统货币数量论强调的是货币的交易手段功能，它以费雪现金交易方程式和剑桥现金余额方程式为重要代表，其方程式把

·15·

货币需求和支出流量联系在一起，说明货币流通速度、价格水平、商品总量决定货币数量。凯恩斯的货币需求动机理论提出三大货币需求动机，包含交易性货币需求、投机性货币需求和预防性货币需求，认为货币需求是利率和收入的函数，交易性货币需求是收入的递增函数，投机性货币需求是利率的递减函数。后凯恩斯派学者托宾、鲍莫尔等对货币需求理论进行了拓展，总结出"平方根定律"和"资产选择理论"，指出交易性货币需求与名义收入、利率的关系，并认为投机性货币需求不仅是在无风险的货币与有风险的债券间作出选择，也是根据风险性、收益性和流动性等原则对多种资产进行选择。弗里德曼的货币需求理论认为：财富总量、各种财富的预期报酬和个人偏好都是决定人们货币需求量的三个主要因素，其中货币需求和国民收入、人力和非人力财富之比、货币收益率正相关，与证券收益率与物价水平负相关。

这些理论为国际货币研究提供了坚实的理论基础，它们提出了货币需求的重要动机，包括交易动机、投机动机和预防性动机，也说明了货币及其相关资产的安全性、流动性和盈利性是决定货币需求的重要特性，并且从不同角度阐释了国民收入、利率、物价水平等影响货币需求的因素及这些因素与货币需求之间的关系，这些因素后来在货币的国际需求研究中也被作为重要的研究内容。

在货币国际化研究时，基于货币需求和货币职能的原理，国内外学者们对国际货币和货币国际需求等概念进行了定义。美国学者科恩与本杰明（Cohen & Benjamin，1971）研究一国货币国际化带来的铸币税收益时，从货币职能的角度定义国际货币。后来，肯恩（Kenen，1983）用一个 2 乘 3 矩阵（见表 2 - 1）说明国际货币是能够满足公共部门和私人部门需求，能在国际上发挥储备职能、交换媒介与计价职能的货币。这种定义被哈特曼（Hartman，1988）、塔夫瓦斯（Tavlvas，1998）等之后的国外及我国学者普遍认同并使用，比如陈雨露（2013）提出人民币国际化中要逐渐满足的货币职能依次为贸易结算职能、金融投资职能和国际储备职能。

表 2 - 1   基于需求的国际货币职能

货币职能	政府部门	私人部门
储备职能	国际储备	资产选择（货币替代）
交换媒介	外汇（汇率）干预的工具、国际收支平衡	进出口贸易与金融交易结算
标价货币	货币锚、汇率平价	进出口贸易与金融交易中标价

货币国际需求的逻辑和货币需求经典理论中的需求逻辑是一致的，区别在于表现路径不一样，货币国际需求突破了市场范围，在对外贸易、跨境投融资和国际储备等活动中表现出来，比如，交易性货币需求主要在对外贸易、直接投资中产生，投机性货币需求集中在金融投融资中，预防性货币需求主要是在官方储备、货币互换等形式上表现。具体如下：

第一，对外贸易中的需求。由于各国主权货币不同，在进出口贸易中，进出口商需要货币选择进行国际贸易计价和结算，货币选择可能是进出口商中某一方的本国货币，也可能为第三国货币。对于国际货币的发行国来说，如果进口使用本国货币计价和结算，那就形成了对外贸易渠道下的货币输出；如果出口时其他国家使用本国货币结算，那就带来了对外贸易渠道下的货币回流；如果其他国家之间的进出口贸易使用本国货币，那就形成了对外贸易渠道下的境外货币需求与循环。

第二，直接投资中的需求。经济主体在对外直接投资中需要获得并使用东道国货币，这就需要将投资国货币兑换成东道国货币，而投资期中，又可能需要把利润转移回母国，则又要将东道国货币换回本国货币并完成资金的跨国转移。在不断地投资、生产、再投资、利润汇回的过程中，就形成了国际货币的在外汇市场上需求的改变，也同时形成了直接投资下的国际货币循环。对于国际货币发行国，如果本国政府、企业等用本国货币对外进行直接投资，那就形成了本国货币在直接投资渠道下的输出，如果其他国家使用货币发行国货币对发行国进行直接投资，就形成了货币在直接投资渠道下的回流；如果其他国家之间的直接投资使用本国货币，那就形成了直接投资下的境外货币需求与循环。

第三，金融投融资中的需求。金融融资包括国际直接融资和间接融资，直接融资主要是指国际金融机构贷款、政府贷款等，间接融资是经济主体发行债券、股票等。直接融资中，如果国际货币发行国使用本国货币对外发放贷款，则输出了货币；如果货币发行国从外部借款，则回流货币。间接融资中，如果货币发行国和其他国家发行国际债券，用该国际货币计价和清偿，则形成了该货币在国际上接融资中的循环。当国际市场中金融产品越来越丰富，金融衍生物不断创新发展，如果标的物是该货币的话，也更加促进该货币的需求和流动。此外，各国的货币价格（汇率、利率）、金融资产价格有国际差异，也会形成资金的投机需求下的跨国移动。

第四，储藏需求。境外个人或者机构、政府基于贸易交易与清偿、预防、保值等需要在权衡风险、收益后对货币进行储藏，形成了该货币的境外存款和各国政府的官方储备，又或者是国际经济组织的储备资产，形成了储备职能下的国际货币需求。

本书所指的人民币国际需求是基于以上内容提出的概念，指我国经济主体与外国经济主体、外国经济主体之间进行贸易、投资和其他经济行为使对人民币的计价、结算和储藏等所产生的需求。

随着研究的不断深入与发展，货币国际需求理论研究表现出从宏观研究到微观研究的发展趋势。宏观层面主要研究多国是否适合形成货币区、本国货币国际化对经济发展和政策的影响传递等问题。微观层面多从企业等角度研究微观主体对他国货币形成需求的原因及影响因素。具有代表性的研究理论有最优货币区理论、货币需求理论和货币竞争与选择理论等。

最优货币区理论（Optimum Currency Area theory，OCA）是从国家视角探究一国是否应该与其他国家、地区形成统一货币的区域，或者加入已经形成的统一货币区域。OCA 的建立是货币国际需求产生的过程与结果，OCA 的理论研究中提出选择固定汇率制度或者形成统一货币的区域需要符合的经济金融条件，这些条件的讨论反映了国家层面对国际货币产生需求的条件和影响因素。蒙代尔（Mundell，1961）提出 OCA 的标准为地区之间劳动力和其他要素自由转移，如果几个国家间劳动力等要素流动自由，那么这些国家就适合形成 OCA。麦金农（Mckinnon，1963）提出经济开放度标准是 OCA 的形成标准，一国经济开放度可以用可贸易商品占总产出和总消费的比重衡量，比例越高表示开放度越大，他认为经济开放度越高的国家，可贸易商品占比越高，较小的汇率变动都可以造成本国物价的较大变化，所以提出了开放的、且贸易关系紧密的国家之间适合组成 OCA，实行固定汇率安排，并对与其贸易联系较小的国家实行浮动汇率安排。肯恩（Kenen，1969）从生产和贸易的角度提出产品多样性标准，认为国家生产结构多样性决定其出口产业的多元化水平，如果出口产业产品越多元，当外部市场变动时，其更能抵御外部市场冲击，也能够承受较为固定的汇率，相反如果几个国家的生产和出口产业产品结构简单，则更应该联合组成 OCA 来应对外部冲击。后来，哈伯勒（Harberler，1970）和弗莱明（Flemming，1971）的研究得出了通货膨胀率相似是国家 OCA 构建标准的结论，认为如果各国通货膨胀率差别较大，在利率、汇率等因素影响下会造成较大的资本流动，造成国际收支严重失衡。因此，如果几个国家通货膨胀率相似，组成 OCA 有利于保持汇率的稳定，降低国际收支的失衡水平。英格朗（Ingram，1973）则认为 OCA 的标准应该是金融一体化程度，也就是各国金融市场如果一体化程度较高，则适合建立共同货币区。因为在高度的金融市场一体化下，资本跨境流动对利率变动十分敏感，国际收支有自动调节的机制，这样的国家对汇率手段干预必要性小，所以形成最优货币区后汇率调节和国际收支的矛盾较小。

20 世纪 90 年代后，该理论又得到新的发展。克鲁格曼（Krugman，1990）在分析经济体是否应该加入欧盟时，建立了著名 GG-LL 模型。该模型从加入货币区的收益和成本的角度来判断一国是否适合参加货币区。其中，GG 曲线（收益曲线）与 LL 曲线（成本曲线）的交点是判断一国加入货币区与否的经济一体化程度临界点，如果与货币区的经济一体化程度低于临界点的情况下，那么加入货币区的成本大于其收益，则不应该加入。塔夫瓦斯（Tavlas，1993）的研究得出了最优货币区国别标准为高度多样化的产品结构及工资和物价的高弹性的结论。克鲁格曼（Krugman，1993）指出贸易增长会导致产业间分工，从而成员国产出的多样化程度降低，使各成员国受到特定产业冲击的可能性加大，使其与 OCA 建立的目标相悖。弗兰克和罗斯（Frankel & Rose，1998）却与克鲁格曼看法相反，认为加入 OCA 后贸易的增长会使成员国加深产出多样化，从而减少特定产业冲击，因此并不矛盾。在此研究中，也有一些学者们认为多元标准才更加科学。巴尤米和艾琴格林（Bayoumi & Eichengreen，1997）认为各国间生产要素的流动性、产业结构相似性、经济政策相似性、历史文化相似性几个方面是影响一国是否加入OCA的重要因素，并构建了OCA指数。

从上述OCA的研究发展可以看到，区域内的要素流动性、国家经济开放程度、贸易产品多样性、通货膨胀率等因素都影响了OCA的形成。这些因素为后人研究货币国际需求提供了重要思路或成为重要的研究因素。

在人民币国际化的研究中，OCA理论得到一定的应用，其应用研究主要集中在研究海峡两岸与香港、澳门地区，以及中国与东南亚国家、"一带一路"沿线国家是否适合形成货币区的人民币区域化问题上，这些研究实际上是人民币国际化地理方向的策略问题研究。黄晓东（2006）运用OCA指数，衡量货币合作的成本，认为海峡两岸与香港、澳门地区合作，形成人民币区域是可行的。苏春江（2013）运用OCA指数分析东亚货币合作的可行性，基于对区内各经济体之间该指数的测算，发现OCA指数呈现提高趋势，依此提出了该区域货币合作的推进策略。范爱军、冯栋（2014）则是基于OCA理论，用贸易开放度、出口产品差异等经济指标判断，发现中国同邻国有明显组建货币区的优势，但运用OCA指数进行实证，结果却存在明显差异化。党大鹏、陈丁（2017）用多变量VAR模型对"ASEAN+3"组织进行检验判断东盟成员是否具备组建货币区的经济基础，结果发现现阶段还不适合组建全面的货币联盟。中国人民银行广州分行课题组（2018）根据OCA理论分析了中国与"一带一路"沿线国家的出口产品的相对竞争力、贸易联系程度、金融市场对外开放水平等重要标准，得出建立"一带一路"货币区是必要且可行的结论。

OCA理论提供了货币国际需求的基础，但面对世界上的多种货币，最终哪种货币会被选择来满足各国对国际货币的需求，成为各国政府和微观主体所需求和使用的国际货币，学者们提出了国际货币竞争和货币选择等重要理论。

货币选择与竞争理论的核心思想认为，货币的国际化过程是在货币需求动机下对货币选择的过程，同时也是货币的国际地位的较量与价值竞争，最终表现为占优货币在全球范围内经济活动中所形成的不同程度的货币替代。

16世纪英国经济学家格雷欣发现了劣币驱逐良币规律。在金银币双本位制下，实际价值高于法定价值的货币因为被融化、储藏或输出等原因逐渐退出流通市场，而实际价值低于法定价值的劣币充斥市场。这一定律被称为格雷欣法则（Gresham's Law），是较早的货币竞争与替代的观点。

20世纪60年代，切蒂（Chetty，1969）首次提出了"货币替代"（currency substitution）的概念，指在开放经济背景下，如果货币可以自由兑换和跨境流动，经济主体会自发选择持有和使用那些价值稳定和成本低的货币，于是造成了本国货币的部分职能甚至全部职能被外币所替代的现象。货币替代理论比格雷欣法则更能解释货币国际化现象。该理论揭示了货币替代是在开放经济条件下，经济体对不同货币基于经济理性的选择结果，是不同国家之间主权货币的竞争过程，更是各国在世界经济中的地位较量。

在货币竞争中，替代是双向可能的，如果本币处于劣势地位，那么则容易出现外币替代本币的结果；若本币为强势货币，则可能出现本币代替外币的逆向选择，即出现本币国际化的结果。一般来说，发达国家的货币较容易成为后者，而发展中国家的货币大多属于前者，在开放经济活动中被替代。由于国际货币的利益重大，而成为国际货币的条件和影响因素又很复杂，所以现实中货币竞争和替代下的结果通常是各国国际经济往来中的货币需求最终由多种货币满足，从而货币竞争会不断地持续下去。因此，货币竞争与替代理论认为货币竞争是发展的、不间断的，一次替代后可能还会出现二次替代，随着世界政治经济的发展变化，未来甚至更多次无法预计的替代。一次替代通常是各国基于自身经济状况做出的选择，而二次替代却是国际货币间竞争的结果。① 美元成为世界第一的国际货币，就是成功地对英镑的二次替代。而布雷顿森林体系瓦解，多元化的国际货币体系出现又是其他货币对美元开始再次替代。也正是这种再次替代给人民币创造了机会。

西方经济学者从不同维度对货币竞争和替代的形成和影响进行了研究，多数研究认同货币替代结果主要取决于货币的价值与使用成本。货币的价值

---

① 刘锡良，王丽娅. 国际货币竞争理论研究评述［J］. 经济学动态，2008（5）：100-104.

包括其价值稳定、持有风险低及收益可能性，影响价值的长期决定因素是一国的经济实力、政治力量等国家地位，在中短期则一国政府的宏观经济政策、利率水平和汇率制度等。使用成本则与该国的开放程度、货币的交易网络便利性、规模与范围、金融制度及相关服务等相关。因此无论是出于交易、投机还是储藏动机，币值稳定的货币都会比较容易获得到经济主体的青睐，但是也有一些特殊情况，比如有应付账款一方愿意选择软货币计价结算，期望货币贬值使其减少支付成本，或者一些投机者试图因为软货币的价格不稳定套汇获利，这些活动为新兴货币甚至软货币带来了国际需求增加的机会。因此，新兴国家也可能具备推动本国货币国际化的经济实力和制度基础，其货币表现良好、具有发展潜力，这种情况下便可能产生一定程度的货币替代。但需要注意选择软货币市场动机多为风险投机，这种货币需求并不稳定、不持续，无法支撑其对其他货币形成真正替代成为主要国际货币。

在货币竞争与替代的理论研究中，具有代表性的为货币服务生产函数理论（Miles，1978）、货币需求的资产组合理论（King & Wilfad，1978；King，1985）、货币需求的边际效用函数（Bordo & Choudhri，1982）、货币的预防需求理论（Poloz）等。

迈尔斯（Miles，1978）认为本币和外币都可以提供货币的服务型功能，在资产约束条件下，为了货币服务的利益最大化，经济主体会权衡机会成本和效益获得，以此调整本币与外币的持有比例。在购买力平价成立、货币可以借入、经济主体的资产选择为本币和外币、人们持有外币的边际收益和机会成本决定本币与外币在其资产中的比例等一系列的假定基础上，强调货币的服务功能。从货币效用的综合角度出发，建立了货币服务函数，函数为：$\log \frac{M_d}{eM_f} = \frac{1}{1+\rho}\log\left(\frac{a_1}{a_2}\right) + \frac{1}{1+\rho}\log\left(\frac{1+i_f}{1+i_d}\right) + \mu$。其中：$M_d$ 表示本币的名义持有量；M_f 为外币的名义持有量；e 是名义汇率（直接标价）；a_1、a_2 分别是持有本币、外汇的边际收益；i_d、i_f 分别代表持有本币、外币的机会成本（利率）。当本币持有量减少而外汇持有量增长时，$\log \frac{M_d}{eM_t}$ 的值变小，就意味着货币替代出现，其中 $\frac{1}{1+\rho}$ 为货币的替代弹性。该模型说明货币的替代可以用货币的需求量（持有比例）变化衡量，并且货币的替代与汇率、利率密切相关。

博尔多和乔德里（Bordo & Choudhri，1982）从货币的交易动机角度提出货币替代的边际效用理论，他们认为交易性便利是持有本外币的原因。在预算约束条件下寻求持有货币效用最大化，本国居民的资产存在形式包括本币、外币余额和本外币的债券，并假定非抵补利率平价条件成立，推导出本外币的需求函数简化为：$\log m_d = \beta_0 + \beta_1 \log y + \beta_2 i_d + \beta_3 i_f$；$\log m_f = r_0 + r_1 \log y + r_2 i_d + r_3 i_f$。进一步可得：$\log \left(\dfrac{m_d}{e m_f} \right) = \delta_1 \log y + \delta_2 i_d + \delta_3 (i_f - i_d)$，其中：$\delta_0 = \beta_0 - r_0$，$\delta_1 = \beta_1 - r_1$，$\delta_2 = \beta_2 + \beta_3 - r_2 - r_3$，$\delta_3 = \beta_3 - r_3$。$m_d$、$m_f$ 分别代表国内居民持有的本币和外币余额；i_d，i_f 分别表示本外币的借款利息率，y 代表国民收入。该函数说明一国货币的需求与居民的收入及国内外的利率水平有关，与迈尔斯提出的货币需求函数相比，把两国利率差作为决定本外币相互替代的关键因素。该理论的观点是：从货币交易需求的角度出发，国民收入越高，则对本国货币需求越大；本国利率越高，经济主体会减少本币持有余额，因为持有的机会成本随着利率提高增加。因此，国外利率降低，持有国外货币的需求越大，货币替代程度就会加剧。

托马斯（Thomas，1985）提出了资产组合理论，认为经济主体持有资产中会包括不升息的货币余额，也包括生息的其他资产，其投资组合会根据资产的风险和收益来进行配比、调整，而对本外币资产比例过程实际上就是一个货币替代的过程。托马斯考虑了债券等资产形式及价格波动等问题，认为在本币资产和外币资产的选择之下，基于本币的服务性，可以建立模型计量居民对本币的持有，从而得到外币的最优持有比例。该模型为：$\dfrac{M_d}{P} = \varphi f(y, i, \epsilon)$。其中：$f(y, i, \epsilon)$ 是本国居民对货币的总需求函数；M_d 为本币余额；φ 为本币服务比例；P 为物价水平；y 表示本国居民收入；i 为外币资产的收益率；ϵ 为随机扰动项，代表货币持有的风险。该理论认为，本币的货币服务性（服务比例）越高，居民越倾向于持有本币；相反，本币货币服务性越低，则居民倾向持有外币，通过 φ 值可以得到本币资产与外币资产的比例，也就是货币的替代程度。

波洛兹（Poloz，1986）的货币预防需求理论侧重经济主体持有货币的预防性动机，面对货币支付的流动性成本和支出不确定性，人们需要持有一定数量的本币和外币余额以应付未来可能发生的支付，每一消费者面临本币、外币和本币债券三种资产选择，并会对资产组合进行调整，使资产组合的真实收益（名义收益与资产转换、流动性成本之差）最大化，导致货币替代的发生。其研究提出本币需求函数为 $M = M(r, s, b, c, Z, Z^*, \gamma, \beta)$，外币需求函数为 $M^* = M(r, s, b, c, \gamma, \beta, \hat{Z}, \hat{Z}^*)$；本币债券的需求函数为 $B = W - M - M^*$。其中：r 为本币债券收益率，s 是本币相对于外币的贬值率，c 为货币的兑换成本，b 为本币债券的变现成本，Z、Z^* 分别表示本币外币的现金需求均值，W 为财富总量。波洛兹的理论认为经济主体的资产在本币、外币和债券中选择持有比例，当所持有的现金无法满足其现金需求时，就要把其他资产转换成现金，而决定本外币和债券比重的重要因素就是债券收益率与变现成本，以及本币外币的汇率水平与变动趋势。若本币债券收益率上升，经济主体就会对本币债券需求上升，而对本币和外币的需求就会下降；本币贬值预期提高时，经济主体就会减少对本币和本币债券的需求，对外币的需求增加，于是发生了货币替代。

总的来说，货币替代是经济主体为了对外贸易等经济往来，出于交易、预防和资产组合等动机，预防本币贬值风险、使有限的财富最大化所进行的货币配置和相关资产调整置换，影响因素主要包括国民收入水平、对外贸易规模、货币自由兑换性及汇率、本外币资产收益水平等。

根据货币竞争和替代理论，本书认为人民币国际化实质上是与已经具有世界地位及可能国际化的货币进行竞争，然后在周边国家、甚至全球范围内逐步产生再次替代的过程。由于目前美元占据世界第一货币的地位，其他货币如英镑、欧元等几种货币的国际化水平相对稳定，在网络效应、规模效应的影响下人民币的国际替代更具有难度。并且，这个过程意味人民币国际化将打破现有的国际货币体系，对过去一直在国际货币体系中占主导地位的货币构成利益威胁，所以必然会遭到美国等利益大国的遏制。同时，对于货币选择国来说，为了保证自己的利益，将在政治、经济等方面进行全面考量，因此，人民币要提高国际地位，共享世界货币利益，必然会需要在与主要国际货币（尤其是美元）或其他被替代货币之间的竞争与博弈中获得优势地位，这个同时会是大国政治经济之间的合作与较量。

与贸易直接相关的国际货币理论代表是计价选择理论。贸易计价选择理论中的一般研究是生产者和购买者（出口商和进口商）的角度出发，基于厂商利润最大化剖解计价货币选择的机理。代表的理论包括唐恩菲尔德 – 支查（Donnenfeld-Zilcha）理论（本书简称"D-Z 理论"）、巴切塔 – 温库普（Bacchetta-Wincoop）理论（本书简称"B-W 理论"）、戈德伯格 – 蒂勒（Goldberg-Tille）理论（本书简称"G-T 理论"），由于本书理论部分是基于 B-W 的理论的拓展，此点仅说明 D-Z 理论和 G-T 理论。此外，计价货币选择理论的新发展也在博弈经济学、行为经济学的视角有一定的发展。

贸易中计价和结算货币是进出口双方共同选择的结果。进出口商都面临选择本国货币、对方货币和第三方货币的三个选择。一般来说，选择本国货币的好处主要是方便结算与经济核算，规避兑换外汇中的汇率风险和成本；选择对方货币的一般是为稳定在进口国的市场份额，或者防范使用其他贬值可能的货币（比如本币）的动机；选择第三国货币，则可能主要考虑企业则要在产业链中的地位，如果上下游企业选择的货币。三种计价方式，可以PCP，LCP 和 VCP 表示。PCP（producer currency pricing）为生产者，也就是出口商本国货币计价，LCP（local currency pricing）代表以进口商本国货币计划，VCP（vehicle currency pricing）用第三国货币计价。但究竟在进出口商的博弈下，能否实现自己的货币选择偏好，与双方的国际经济地位、市场关系及贸易结构等特征相关。

唐恩菲尔德和支查（Donnenfeld & Zilcha，1989）研究了在汇率不确定的情况下，出口企业在国内外市场销售其产品时，基于厂商利润最大化局部均衡，进行定价和计价货币策略选择，并集合阶段性特点和最优化方法，提出了结算货币选择的经典模型（D-Z 理论）。他们认为厂商决策分为几个阶段依次进行：首先决定自己的生产水平，然后根据外部信号来定国内市场与国外市场的价格，最后订单结算贸易达成。假定出口商有垄断力量，采用进口国货币计价结算，则可以事前计划定价和预估市场需求数量，面临的不确定因素就是汇率，导致利润不确定，所以厂商就是在汇率不确定下进行利润最大化的选择。如果选择本币计价与结算，那么国外的价格因为汇率变动的不确定变为变动因素。该理论假定风险中性，基于厂商事先选择定价和产量的利润最大化的决策以出口商本国货币计价的条件是 $\max\limits_{\{Q,p(a),p^*(a)\}} E_e\big[p(a)h(p(a)) + ep^*(a)h^*(p^*(a)) - C(Q)\big]$，可以进一步写作：$\max\limits_{\{Q,p^*(a)\}} E_e\Big[R(Q-h^*)\Big(\dfrac{\hat{p}^*(\alpha)}{\alpha+\theta}\Big) + \hat{p}^*(\alpha)h^*\Big(\dfrac{\hat{p}^*(\alpha)}{\alpha+\theta}\Big) - C(Q)\Big]$。其中：$\alpha$ 为外部信号，$p(a)$、$p^*(a)$ 分别为国内外价格，h、h^* 为价格决定的国内外需求量，C 为成本，Q 为产量，e 为汇率。通过多种情况的比较，D-Z 认为以进口国货币计价并结算，相比以本国货币计价会带来较低价格、较高产量、较高利润的结果。但若厂商是优先服务本国市场的话，定价货币选择就不太会影响厂商决策。

学者们运用 D-Z 模型进行了研究，并对之改善。D-Z 模型主要是从出口商的角度进行推理，维亚尼（Viaene，1992）的研究弥补了这个缺陷，考虑了进出口双方对货币选择的影响，认为进出口双方是非合作交易。只是该研究发现在随机配对的双边模型中，研究发现出口国的垄断地位通常高于进口国，并且在国际市场上具有更强的议价能力，因此出口商可以选择有利于自身利益的货币。约翰逊和匹克（Johnson & Pick，1997）把贸易的出口方扩展到多个国家的厂商。弗里伯格（Friberg，1998）引入了风险规避的假设，且考虑市场竞争和远期市场，认为当流动性限制和汇率波动等原因使结算成本增加较大时，交易主体则会倾向选择汇率相对稳定的货币计价。并且，随着世界商品市场的竞争加剧，在国外市场需求不确定的情况下，为了保证出口市场份额，出口商无法轻易改变相对竞争者的价格，因此往往在博弈后出口商们会选择同一种货币计价结算，最终达到一个纳什均衡状态。

贸易货币选择理论中另一被较多参考的模型是 G-T 模型，即戈德伯格和蒂勒（Goldberg & Tille，2008）中提出的理论模型，其在 2008 年、2016 年等后续研究中不断运用和发展了该模型，理论为 3×3 模型，即假设世界上有三个国家，贸易中的计价货币选择有三个选择：本国货币（PCP）、贸易对象国货币（LCP）和工具货币（第三国货币，VCP），并且假定计价货币和结算货币一致。其模型假设出口商定价选择一篮子货币组合定价（k），k 为出口商本国货币 e、进口商所在国货币 d 和第三国货币 v 的组合，出口商的策略分两步，第一步选择计价货币 k，第二步在此基础上定价。

首先，设 k 既定的情况下，计算出最优定价。然后，在该价格下衡量其预期利润。设出口商选择计价货币篮子中 d 货币的权重为 $\beta_{e,d}^{d}$，v 货币的权重是 $\beta_{e,d}^{v}$，其权重值在 0 ~ 1 之间，其余的计价货币为 e，权重是 $\beta_{e,d}^{e} = 1 - \beta_{e,d}^{d} - \beta_{e,d}^{v}$。如果是 PCP 方式计价，则 $\beta_{e,d}^{e} = 1$，$\beta_{e,d}^{d} = \beta_{e,d}^{v} = 0$，汇率风险都是由进口方承担。如果是 LCP 方式计价，则 $\beta_{e,d}^{d} = 1$，$\beta_{e,d}^{e} = \beta_{e,d}^{v} = 0$，汇率风险全由进口方承担。把所有厂商的选择加总，则能得到综合指数，同理，φ_{d}^{d} 为该国贸易用 d 货币计价的综合比例，φ_{d}^{v} 为该国贸易用 v 货币计价的综合比例。

G-T 推论出所有 e 国出口商的最优计价货币选择可以用下面公式表达：

$$\beta_{e,d}^{d} = \Omega \varphi_{d}^{d} + (1 - \Omega) \rho(m_{e,d}, \ s_{e,d}) \qquad (2-1)$$

$$\beta_{e,d}^{v} = \Omega \varphi_{d}^{v} + (1 - \Omega) \rho(m_{e,d}, \ s_{e,v}) \qquad (2-2)$$

$\Omega \in [0, 1]$，需求对价格越敏感，生产函数的规模收益率越低，这个系数值越高。$m_{e,d}$ 为生产成本的外生驱动力，包括工资、需求等变量，比如在规模回报下降的情况下，需求增加与边际成本增加相关。$s_{e,d}$ 是 e 国货币和 d 国货币之间的汇率，如果货币 e 贬值、d 货币升值，那么 $s_{e,d}$ 的值增加。ρ 反映成本与汇率的联动性，$\rho(m_{e,d}, \ s_{e,d})$ 为正数表示当 e 货币与 d 货币弱相关时，边际成本高。

其理论认为计价货币的选择有两个动机，一个是市场竞争下的"联合动机"，另一个是自身"套期保值动机"。第一，出口商的选择会与竞争对手的选择相近，本书定义为"联合动机"，也就是出口商的选择组合（$\beta_{e,d}^{d}$，$\beta_{e,d}^{v}$）会和竞争对手综合组合比例（φ_{d}^{d}，φ_{d}^{v}）尽量一致。这样，出口商就能够保证其相对价格稳定，以保证产出和出口的稳定，这个动机在模型中由 Ω 表现，需求对边际成本、相对价格变化越敏感（需求价格弹性越大），Ω 越大，出口商越不可能选择本国货币 e 计价结算，用进口国货币或者第三国货币计价结算的比例也就越大。第二，出口商对计价货币的选择有获得套期保值收益的动机。如果生产的边际成本高，则厂商愿意选择有升值可能的货币，在模

型中以 ρ 表示。所以，市场所有厂商总体的计价货币选择集合 φ 是由不同的出口商选择计价货币比重 β、出口商和进口国本国企业的市场份额共同决定。

同时，认为市场份额、进口生产投入品等因素也很重要。如果外部经济主体占有市场的份额低，那么进口国货币在计价货币的竞争中地位就越高，进口企业在贸易中使用本国货币计价的比例高。相反，如果出口商出口占进口国市场份额大，就会减少进口国货币计价的份额，即 $\beta_{e,d}^d$ 减少，在"联合动机"效应下，这个结果会得到强化。此外，来自进口的生产投入（原材料、中间产品、技术等）会影响货币选择，如果 e 国生产并出口的产品使用了大量生产资料为进口资料，并且这些进口资料是以 v 货币计价的，那么 e 国出口商在出口时也倾向于用 v 计价结算。因为，如果 v 货币升值，其生产成本会增加，但是出口用 v 货币计价使出口的货币溢价收入可以弥补其增加的边际成本，达到套期保值的作用。也就是出口厂商的生产成本与 v 货币的汇率变动相关时，其出口选择 v 货币的有利。

除了基于企业利益最大化进行贸易货币决定之外，博弈论在货币国际化的微观选择中也得到较多的应用。博弈论是研究多个决策主体在冲突条件下追求优化策略的理论。学者们把博弈论运用在国际货币竞争与合作问题上，形成了货币博弈理论。在运用博弈论方法分析货币国际化的模型中，凯文等（Kevin，Dowd & Greenaway，1993）的网络外部性和转换成本研究具有代表性，其模型从经济人的微观选择揭示了货币选择的惯性现象。它以 n + 1 个经济人为例，假设期初大家所使用的是同一货币，在 P 期时每个主体持有该货

币获得效用为 U(P)：$U(P) = (a + bn)\int_0^{\infty} e^{-(1-T)}dt = \dfrac{a + bn}{r}$。其中：a 是货币持有人可以从货币发行机构获得的赎回价值，bn 代表其他使用者共同带来的网络外部性，r 为折现率，a + bn/r 是货币持有效用的净现值。假设某时刻突然出现竞争货币，若有 e^n 个经济人改变为使用该种货币，那么每个使用新货

币的经济人获得效用为 $U(P) = (c + dn)\int_0^{\infty} e^{-(1-T)}dt = (c + dn)/r$，在新选择对应的效用函数中，nd 同样代表该货币其他使用者带来的网络外部性，$\dfrac{c + nd}{r}$ 为持有新货币的效用净现值。货币转换成本为 S，并且转换使用新货币

的基本条件是转换后的效用情况优于原用货币，$c \geqslant a$，$d \geqslant b$。在这个博弈中，对于每一个经济人，博弈对手为其他所有经济人，博弈矩阵如表 2 - 2 所示。

表 2 - 2　　　　　　　　　　货币转换博弈矩阵

其他所有人	不转换	转换
不转换	$(a + nb)/r$	a/r
转换	$\dfrac{c}{r} - s$	$\dfrac{c + nd}{r} - s$

此博弈存在两个占优策略，一个是 $\dfrac{c + nd}{r} < r + s$，另一个是 $c - s > (a + nb)$，这两种情况下，无论其他人如何选择，转换货币都是经济人的最优选择。该研究认为：要是每个经济人转换使用新货币，则需要满足 $c/r - s > (a + nb)/r$，也就是新货币的赎回价值高于原货币赎回价值与其他人使用原货币的网络外部性、货币转换成本之和；要是经济人继续使用原货币，则需要满足 $\dfrac{c + nd}{r} < r + s$，也就是原货币赎回价值与转换成本之和大于信货币的赎回价值加上其他人使用新货币的网络外部性。

货币竞争与替代理论主要从微观层面提供了对外贸易中货币选择的理论基础，为后文的理论研究提供了支撑。

第二节　货币国际需求影响因素和驱动方式研究

国内外对货币国际化的问题研究已经有一定时间，而人民币国际化问题的研究虽然相对较短，但内容越来越广泛、深入，现有研究主要集中于几个领域：一是人民币国际化的可能性、必然性和利益探讨；二是从人民币国际化的一般性条件及规律出发，分析货币国际化的条件、现实可能及存在问题；三是人民币国际化的实现路径及策略。早期研究多为定性分析，近年来定量分析的研究增多，定量分析主要集中在国际化程度的量化衡量及预测、国际化影响因素分析上。

本书核心是对外贸易对人民币国际需求的影响问题，所以文献综述主要对相关问题的研究进行梳理和总结。先对货币国际需求影响因素和驱动方式进行综述，再针对对外贸易对货币国际需求影响进行述评。

一、货币国际需求的影响因素

现有文献所提及的货币国际需求的主要影响因素包括：国家整体经济实力、贸易实力、金融发展水平和开放度、利率与汇率等货币价格因素、货币需求的历史惯性等。对于货币国际需求的主要驱动模式，本书分类并定义为三类，即政策主导驱动、金融主导驱动、贸易与投资主导的产业驱动。同时，通过对文献的总结分析，提出现阶段人民币国际需求驱动应以实体经济框架中路径，尤其贸易路径主导的观点。

（一）货币国际需求影响因素和人民币相关研究脉络

基于国际货币的概念共识，国内外学者们从国际货币需满足的国际交易职能、投资职能、储备职能三个职能出发，研究要满足这些职能所需要的基础以及比其他货币更具优势的条件。现有研究可以分为三类：一是从货币综合国际化程度或者单一角度出发，研究其影响的主要因素；二是从某一个影响因素出发，研究这个因素可以产生什么样的影响；三是聚焦单一货币研究其特定的影响因素，或者与其他货币进行对比研究。研究综合影响的代表性文献有博巴（Bobba，2011），西拉诺娃和玛瑞亚（Siranova & Maria，2019）等。针对国际货币的某一职能，其中对结算职能和储备职能的研究集中度较高。在计价和结算职能方面，代表性的经验研究文献有佩吉（Page，1981）、唐纳菲尔德（Donnenfeld，2003）、坎普思和安奈特（Kamps & Annette，2006）、梅尔文（Melvin，2011）、戈德伯格和蒂尔（Goldberg & Tille，2013）、莱（Lai，2014）等；在储备职能的研究中，有弗兰克（Franckle，2007）、李中华（Lee，2010）、戈德伯格（Goldberg，2016）等。也有少数学者探索投资职能的影响因素，代表性的经验研究文献有莱恩（Lane，2006）、何等（He et al. 2016）。国内学者基于货币国际化的分职能研究也不少，包括李坤望和刘健（2012）、沙文兵和刘红忠（2014）、王书朦（2016）、何金旗和张瑞（2016）等。但是，目前国内外分职能的研究都存在一个普遍问题，在研究方法和因素选取上与综合程度的影响分析有着较高的相似性，尤其是对结算和储藏两大职能的研究上表现明显。一方面，大多学者的研究结论并没有显示出对于不同的国际货币职能在影响因素的选取上有显著的区别，针对和侧重性不足；另一方面，国内学者在对人民币的研究中，所论证的影响因素和美元、欧元、英镑这些发达国家的货币几乎没有区别和差异性讨论。

在实证方面，学者们利用这些因素构建货币国际化的影响模型，主要选取美元、英镑、日元、德国马克、欧元、澳大利亚元、加拿大元等历史上或者现在占主要世界货币地位或者有一定国际化程度的货币。也有部分学者分国别构建模型，针对单一币种进行分析其国际化的经验和影响因素，如对于美元、日元、加元、人民币的专门性研究，但是在单一货币专门性研究中，依然存在影响因素选择的雷同性问题和模型照搬的问题，对不同国家的经济制度、经济发展阶段的考虑不够。尤其是对人民币的研究，应该是特殊的，毕竟中国人民币国际化的推进是发展中国家货币尝试获得国际地位的特殊案例。因为英镑、美元等主要国际货币是国际发行国在先获得世界经济大国的地位、政治军事地位等基础上实现的，然而中国还没有获得足够的经济强国地位，经济结构又是在转型之中。因此，在不同的背景下，研究也应该具有一定的特殊性，其影响因素和驱动力的分析也肯定是不可能和美元、英镑等货币完全相同的。

对于人民币国际化的专门研究，国内外学者延续国外学者的研究方法与选取因素，一方面通过世界货币经验进行比较、实证，另一方面对人民币国际化本身的影响因素进行探索。陈雨露、王芳（2005）认为经济规模、金融发达程度、币值稳定性、社会惯例和网络外部性是人民币国际化主要影响因素。李稻葵、刘霖林（2008）对 GDP、通货膨胀率、汇率波动、真实利率等因素的影响进行了实证研究。颜超、陈平、何尔璇（2011）对国际外汇交易和国际贸易货币结构数据进行分析，得到经济规模、金融发展程度、贸易规模、通胀水平和货币使用惯性显著影响人民币国际化的相似结论。林乐芬、王少楠（2016）实证得到经济规模、贸易规模、OFDI 等都是人民币国际化的显著因素。吕春燕和贺建风（2017）检验人民币国际化影响因素时采用了误差修正模型，结果表明经济实力增强、贸易规模扩大和金融更加开放会促进人民币国际化，而人民币汇率波动会产生负影响。

随着研究的进展，我国学者也关注到了其他因素。例如，潘理权（2011）等在先前研究者框架上加入了科技因素和政治基础等；彭红枫（2017）则认为军事实力很重要，并用累积军费支出占 GDP 比重作为衡量军事实力加入模型分析。

随着人民币国际化经验及相关数据的累积，学者们研究不断深入和细化，也针对人民币的各个国际职能进行了差别化研究，并且尝试聚焦不同视角或者对国际化进程进行分阶段的区别研究。

在国际职能的分别研究中，学者们认为对于国际货币特定职能的影响因素，研究的侧重和得到的结论应有不同，尤其是对于人民币这一特殊案例，有的学者发现结算职能的影响因素中经济基本面的影响通常更加显著，而在投资和储备职能中金融相关因素的影响更为重要。朱孟楠、曹春玉（2019）通过研究 1993~2001 年的数据，发现非国际货币发行国家的储备规模经历了进口交易需求到金融稳定需求的转型，由此得到金融稳定动机比外汇储备的进口交易需求动机更能解释外汇储备规模需求的动态变化的观点，认为外汇储备规模变动的金融稳定驱动因素更加明显。

为了适应人民币国际化的特殊背景，研究影响人民币国际化的因素时，学者们对中国的自身经济背景和问题越发重视，例如，我国在国际收支上就与美国等国际货币发行国有较大的差异。陶士贵、杨国强（2011）以及任倩（2013）从国际收支视角专门研究过人民币国际化的特殊路径。余道先、王云（2015）基于这个视角实证分析了我国国际收支项目等因素的影响，发现现阶段我国经常项目顺差有利于人民币国际化，而资本与金融账户的顺差对人民币国际化是负向影响的。

不同因素的影响是有差异的，我国部分学者意识到了这一点，从而对影响因素的权重进行了分析，这类研究结论对我国下一步从哪些方面去促进人民币的国际需求、提高国际化水平十分重要。例如，范祚军、夏文祥、陈瑶雯（2018）通过计算 5 种主要国际货币国际化水平与 20 种影响因素之间的灰色综合关联度，提取影响人民币国际化程度的关键和重要因素，并运用面板 FGLS 模型，在对人民币国际化的影响因素做了权重设置和重要性分级，得出对货币国际化程度具有最强的影响力的因素是经济规模、政治和军事实力、贸易开放程度以及货币使用的网络外部性，提出从发展实体经济、优化贸易结构、增强政治军事实力三个方面推进人民币国际化的策略。

分阶段研究也是近几年人民币国际化研究的一大特点。人民币国际化是在发展中国家经济水平、资本与金融市场的诸多约束条件上启动的，要达到一定高度必将经历一个较长期的过程。因此，在人民币国际化的不同阶段，主导的影响因素也应不同。白晓燕和邓明明（2016）对货币国际化进行了划分，分为初期、中期和后期，发现在货币国际化初期发挥主要作用的是国家的经济实力和其货币的币值稳定性，在中期和后期中起到重要促进作用的是货币发行国出口扩大及其金融市场发展，而在货币国际化的整个过程中惯性都具有显著的影响。彭红枫、谭小玉（2017）将影响货币国际化的因素包括基本面和结构性两类，其中结构性因素是现阶段推进人民币国际化的重点，其中特别需要相关制度体系的完善和金融市场的深化、广化。白晓燕、于晓宁（2019）从金融投资视角对货币国际化的长短期驱动因素进行了研究，发现：经济基本面因素对长短期都有明显的促进效应，所以国家经济基本面因素健康发展是货币国际化长期的保障条件；汇率的波动性加剧会增加货币持有的风险，所以长期波动会对货币国际化起到负影响；利率等收益类因素影响显著且为正；资本管制越少，资本市场越开放，越有利于货币国际化。

由上可见，不论是货币国际化综合程度、还是分职能的研究，学者们选取和研究的影响因素覆盖面较广、相似性较高。并且这些因素覆盖宏观基本面因素、中观的产业层面因素以及微观层面的其他因素，体现在该货币国际化和需求驱动问题研究上从宏观起步到微观层面的发展脉络。

综合现有研究，影响货币选择的主要因素可以分为三组：第一组为宏观因素，包括宏观经济条件和政策，包括一国国内产出、对外贸易、金融发展程度等经济基本面及汇率等因素；第二组为产业端因素，主要为市场因素，如所在行业、市场竞争形式、进出口商的市场份额等；第三组为企业和交易层面因素，从企业对利润额追逐、风险的规避的视角探索影响贸易中货币的选择因素。下面对国内外学者研究的货币国际需求、国际化程度的各个主要影响因素进行总结。

（二）主要影响因素

归纳总结国内外相关研究提出的影响货币国际需求主要因素主要包括国家整体经济实力、贸易实力、金融发展水平与开放度、货币价格及历史惯性等。

1. 国家整体经济实力

一国货币能够形成外部需求，成为国际化货币，必须建立在强大的国家经济实力的基础上，这是相关研究的共识。国家整体经济实力指内部经济实力，更指开放经济环境下的与他国的经济实力比较及对外经济往来的规模。弗兰克尔（Frankel，1995）、德弗罗等（Devereux et al.，2004）在模型中强调不同国家的宏观经济的波动性，他们认为所有国家的出口商都倾向于选择宏观经济基本面更加稳定、国家整体经济实力更强的国家的货币。

国家实力从储备、贸易结算等职能作用货币的国际需求。在储备职能方面，艾琴格林（Eichengreen，1998）对美元、英镑等多国货币在 1971～1995 年间的数据进行了实证，分析了货币占全球外汇储备比重与其发行国国内生产总值占全球份额之间的关系，发现货币发行国生产总值占全球份额每增加 1 个百分点，会带来该国货币占全球外汇储备份额增加 5 个百分点，说明了国家经济总量对货币国际需求的重要性。在计价和结算职能方面，唐纳菲尔德（Donnenfeld，2003）同样证明了经济规模是货币国际需求的基础，他以加拿大为例进行了分析，发现进口国和出口国经济的相对规模对贸易中的计价结算货币选择十分关键，其结论是贸易中哪国经济规模大，就更有可能使用该国货币计价结算，所以如果出口国经济规模相对大，交易中使用出口国货币计价的概率和比例就比较高。戈德伯格和蒂尔（Goldberg & Tille，2005）对美元和欧元在 24 个国家的出口贸易使用情况进行分析，结果显示出口国经济规模和其出口贸易中使用美元或欧元计价结算的比例为反向关系。福田

（Fukuda，2006）赞同经济体规模大可以让本国厂商在国际贸易中拥有更强的货币选择能力，并且国家经济实力越强，越能为货币提供隐性担保，有利于货币持有者对该货币的信心，促进货币的国际需求产生。

这一观点也得到我国学者在人民币国际化问题的研究中的普遍认同，李婧（2006）认为国家经济实力强弱与货币地位高低正相关，并且现在的世界经济格局决定了当今货币体系。王春桥、夏祥谦（2016）也同样肯定国家经济实力在货币地位中的重要性。

大部分文献从储备货币、贸易结算角度解释经济实力对货币选择的影响，但也有少数学者考虑经济实力在其他渠道下的国际货币选择，如直接投资渠道角度，小岛清（1978）的研究阐释了经济实力雄厚的国家通过对外投资促进本币国际化的观点，认为国家通过对外直接投资，不但扩大了投资与贸易，本国与东道国之间的贸易地位还能得到提升，以此为本国货币的国际输出与国际需求创造更多机会。

也有少数学者关注到，虽然国民经济规模是一个优势，但它不会自动导致货币国际化。日元就是典型例子，从国民经济规模来看，日本是世界前三大经济体，但其贸易和金融发展等其他深层次原因导致日元的国际化没有达到相应的水平。

2. 贸易实力

贸易实力是国际货币影响因素中的另一重要因素。货币国际需求最早就是在贸易中产生的。格拉斯曼（Grassman，1973）发现了丹麦和瑞典对外贸易中计价货币选择中多为出口商所在国货币，比如瑞典超过一半的出口是本币计价结算，使用美元和其他货币的比重较小，而进口时却多选择贸易对象国的货币计价结算，这个规律一定程度反映了出口能力对本币国际需求产生的重要性。

但其研究主要是在发达国家之间的贸易结算经验基础上获得的，而随着经济贸易全球化加深，越来越多的发展中国家参与国际贸易，学者们拓展了研究的贸易范围。佩吉（Page，1977）、比尔森（Bilson，1983）、哈特曼（Hartmann，1998）的研究都发现了一个相同的规律，即在发达国家和发展中国家之间的进出口多使用发达国家的货币，而发展中国家和发展中国家之间的进出口多使用美元或其他工具货币。主要原因在于发达国家经济实力强，在贸易中有主动权，并且其外汇市场相对完善成熟，货币的国际流动性也更加有保障，贸易实力与货币地位共同决定了这种选择结果。

3. 金融发展水平与开放度

金融市场的发达程度及开放度等是货币国际需求产生和持续的重要保障。威廉姆斯（Williams，1968）提出国际货币必须要保持较高的流动性，而流动性需要发达的金融市场和制度支持。肯恩（Kenen，1988）同样强调资本自由流动是货币国际化的必备条件，所以资本与金融市场的开放与成熟程度十分重要。塔夫瓦斯（Tavlas，1998）赞同国际货币发行国需要发达、自由和稳定的金融市场，并补充说明了丰富多元的金融工具、衍生产品和健全的二级市场的作用。莱特（Ligthart，2007）则认为一国银行部门越发达，贸易中使用本国货币计价的可能性越高。伊藤（Ito，2010）对日本出口商的实证分析后，发现如果金融市场比较发达，运用远期合约套期保值的成本低，那么出口商愿意使用进口方所在国的货币计价。莱特（Ligthart，2012）的研究发现，如果本国外汇市场越发达，在贸易中使用本币计价结算的比重越高，揭示了本国外汇市场发达程度对本币国际化的重要性。伊藤和琴（Ito & Chinn，2014）对50个国家出口中美元、欧元和本国货币计价比重的影响因素进行实证分析后，发现一国资本账户越开放，则越会增加欧元或本国货币计价比重，得出货币发行国资本账户开放度提高有利于本币在贸易中需求增长的结论。

4. 货币价格与价值因素

汇率、通胀率和利率均是货币不同的价格与价值的体现，其变动通过影响货币使用主体的成本、收益及风险作用其需求与选择。

汇率是货币兑换的价格，所以与货币国际需求直接相关。一方面，汇率变动本身造成收益和成本的变动，比如在国际贸易时，如果结算货币升值，会导致进口方进口成本增加；在国际投资时，投资货币升值会引起投资成本增加，反之则反。另一方面，汇率风险的规避会造成额外的使用成本，因为货币使用者为了规避和减少风险损失通常会使用远期、期货或期权等外汇衍生物进行套期保值，而金融产品的使用又有额外成本和风险。所以，学者主要从货币升贬值情况及其波动水平两方面研究汇率对货币国际需求与选择的影响。弗兰克尔（Frankel，2012）、甄峰（2014）等不少国内外研究都证明了货币的汇率波动程度越高，越不利于其在全球外汇储备中所占份额的增加。戈德伯格和蒂尔（Goldberg & Tille，2016）中提到一国汇率制度也影响该国与其他国家贸易中的计价选择，如果该国货币是盯住美元浮动的，那么该国贸易就大多会使用第三国货币（美元）计价。李波、伍戈等（2013）分析表明人民币汇率升贬值预期是影响跨境贸易人民币结算的重要因素。

关于通货膨胀的影响，多数研究认为货币发行国通货膨胀率高会降低国际市场对该货币的需求，例如：我国学者白钦先、张志文（2011）对日元的案例分析、琴和弗兰克尔（Chinn & Frankel，2015）对全球外汇储备中份额变化影响因素分析等。但是关于通胀的影响，也有学者得到不同的结论，黄（Huang，2014）通过1999年后十年的主要储备货币数据研究发现，国家通货膨胀对本币国际需求影响并不显著。吴（Wu，2014）用1970~2010年的数据再次证明了相同的结论。

5. 历史惯性作用

历史惯性是国际货币发展中的重要特点，即：一种国际货币的出现或其霸权地位的确立通常带来货币全球需求的"路径依赖性"，从而使新的国际货币产生需要较长期的时间。小川英次（Ogawa，1998）对美元的实证分析表明，即使美元适度贬值，其国际货币地位也不会下降，惯性在美元继续保持其作为关键货币的地位这一过程中发挥了作用。

惯性问题的微观解释是经济主体关于货币持有和转换的博弈，以及网络外部性的产生。网络外部性与外汇市场规模、流动性、交易成本等因素相关，波特和雷伊（Portes & Rey，1998）认为，为了减少交易成本，出口商倾向于选择美元等流动性高的货币计价。米列娃和齐格弗里德（Mileva & Siegfried，2007）通过对原油这种同质性商品定价货币研究，考虑了货币的交易成本和信息成本，提出了网络效应模型，认为网络效应产生于大量的参与人，越多的人使用某种货币，该货币对其他人的吸引力越大。同时发现网络效应会导致市场失灵，产生国际货币过度惯性（excess inertia），只有在其他出口国使用新货币且新货币报价的信息成本较低时，才有可能发生货币转换。

弗兰德劳和乔布斯（Flandreau & Jobst，2009）从微观层面构建了货币搜寻模型，肯定了货币选择惯性，但并不认为国际货币结构会就此锁定，在世界政治经济不断发展之下，其他货币仍然存在打破惯性、成为新的国际货币的可能。

然而，由于网络外部性的存在，要挤列国际货币需要时间，或需要一些因素发生异变而诱致该货币的国际需求的产生及地位的获得。琴和弗兰克尔（Chinn & Frankel，2008）、陈和彭（Chen & Peng，2009）对国际货币的发展进行了预测，认为在中短期内美元的国际主导地位仍然难以撼动。同时，也有学者强调惯性并非不可扭转，从美元超过英镑成为世界第一货币、日元获得一定国际化地位等历史经验中都可以得知这一点。丁建平、楚国乐（2014）提出了网络外部性自我增强是有限的，认为它达到一定程度，影响会逐渐减弱。艾琴格林（Eichengreen，2016）研究表明，网络外部性和货币惯性的影响在长期会减弱，其原因可能是其他国家的金融创新、经济地位崛起或者转换货币的成本降低。

二、货币国际需求的驱动模式

现有研究几乎没有对货币国际需求驱动方式进行分类和定义，但是通过归纳现有文献对货币国际化影响和推动策略的思想，本书认为货币国际化的主导驱动类型主要可以总结为三类：政策驱动主导、金融驱动主导、贸易和直接投资的产业驱动主导。本书尝试定义为：政策驱动是指货币国际需求的增长主要是依靠货币发行国政府不断供给政策，搭建起货币的国际循环框架，对内提供货币国际使用的渠道和优惠，对外提供吸引与保障政策诱发需求，或者与国际组织与机构形成协议和联合，"强行"产生国际需求。金融驱动主要是指货币的国际需求的产生与国际流动主要是依靠金融与资本市场，比如运用该货币进行跨境投资、投机、资产储备。资本市场的成熟、完善则是金融驱动的重要保障，该货币在安全性、流动性、收益性具有国际优势是重要条件，最终该货币的需求与动态循环表现主要是在资本与金融账户框架下。贸易和直接投资的产业驱动是指货币国际需求的产生、主要的循环动力与实体经济发展紧密相关，由于各国生产力的发展、经济结构的变化、国际分工的不断重塑，在对外贸易或其他如直接投资等间接渠道下自发产生需求并不断增长，并自发构建出产业发展与货币循环交织的模式。

有关人民币国际需求驱动研究的文献不多，但是人民币国际化策略选择探讨中逐渐成为新的研究重点。比较有代表性的有涂永红、张铜钢（2017），李曦晨、张明、朱子阳（2018），朱孟楠、曹春玉（2019），白晓燕、于晓宁（2019）等。

（一）政策主导驱动

人民币国际化需要依靠政策的构建在不少文献中都有涉及，但是几乎没有研究认为应该政策主导。由于对外贸易发展迅速、人民币币值稳定等原因，人民币国际化在正式推进前已经有一定自发需求产生的前期基础，例如我国香港地区以及缅甸、柬埔寨、越南等周边国家都有一定的流通与存量，在韩国、新加坡、泰国、马来西亚等国都一定程度上被接受，边境贸易中人民币需求尤为突出。人民币国际化是在这种自发需求的基础上推进的，但事实上，境外市场原先产生的人民币自发需求远远达不到货币国际化的规模。此外，人民币国际化的诸多条件也不够成熟，所以政策供给在人民币国际化前期是必要的，先搭建起人民币在国际收支的主要账户中的基本循环框架，在货币的兑换、自由度上有进展，再通过政策上允许和鼓励政府、企业等境内外经济主体在贸易、投资中使用人民币，同时通过货币国际合作、政治经济交流等政策去促进人民币国际需求和境外存量的进一步增长。

陆简（2015）运用新制度经济学"有效制度观"的分析框架，构建了国家－企业完全信息动态博弈模型，认为人民币国际化的变迁应该是政府制度供给和企业选择共同推动的结果。其中，国家预期推动人民币国际化的净收益大于转换成本时，开始进行制度供给，该制度供给是在内部和外部的约束条件下选择的最优策略。企业等微观主体观察到国家的行动后进行选择，如果预期转换货币改使用人民币进行国际经济活动有利于自己的利益，才会进行新的选择。所以，人民币国际需求是需要制度促进的，制度供给在先，企业在利益博弈下进行选择。

政策供给主要是人民币国际循环框架的有效建立。在货币发行国和外国之间形成一个良好的"流出"和"回流"循环机制，货币国际化才有可能推进。如果人民币只有便利的流出机制，而无顺畅的回流机制，这将直接影响人民币国际化的进程。张纯威（2008）、韩文秀（2011）、中国人民银行泉州市中心支行课题组（2011）等从对美元、英镑等国际货币的国际循环机制分析可供人民币国际循环选择的机制构建，探索哪个渠道主要引导人民币输出，哪个渠道主导回流。尹亚红（2012）在从货币需求的动机出发，分析人民币国际循环机制现状后，认为人民币 FDI 是境外人民币顺畅回流的主要渠道。高洪民（2016）提出了一个比较完整的人民币国际循环制度供给的框架，把货币的跨境循环分为跨境经济循环和跨境金融循环。

同时，国际合作相关政策和制度对于打破原有国际货币格局有着重要作用。朱孟楠、曹春玉（2019）分析在我国"一带一路"倡议前，对中国倡导的国际秩序的偏好、双边货币互换协议的签订均是境外央行或货币当局人民币储备需求的主要驱动因素。叶冰（2019）从货币权利视角总结了国际货币体系兴替的一般规律，如果本币的货币权利缩减，而对其地位有所挑战的货币权利扩张，那么本币地位就受到了一定威胁，并且该研究认为外围国家进行区域化货币合作是打破单一国际货币霸权重要路径，例如欧元就是典型的例子，它的出现改变了国际货币体系的权利结构，是美元的挑战货币。

但是从现有文献来看，学者们只认同政策、制度供给的重要性，几乎都不认为政策供给是长期的依赖和驱动，所以也几乎没有文献是立足在政策驱动主导上去论证的。

在人民币问题的研究中，多数学者认为政策供给主导不能成就人民币国际化。李华民（2002）在其研究中阐述到人民币国际化过分依赖国家信用，但其国际化的经济基础和金融基础都不足，主要问题包括：我国经济转型时期的经济增长过于依靠政府财政政策；制度供给对经济增长的贡献率减退；

经济发展受到经济结构、区域经济差异等深层次问题的制约等。一旦市场对政府稳定货币政策信心不足或者预期悲观，容易引发国际化货币的逆转选择，所以不能依赖政策供给，而是应该强化人民币本身的国际竞争力，扎根于人民币国际化各项因素的基础。巴曙松、黄少明（2003）也提出政府的政策主导只是前期条件，政策决定前进的速度和方向，但人民币的国际化、特别人民币在境外的流动和离岸市场的兴起，是一个市场需求推动下的自发过程。陈雨露在 2016 年《人民币国际化报告》的发布时也提到货币国际化还是主要依靠市场主体对货币的自发选择，并且货币发行国的经济规模和金融能力是自发选择的基础。

（二）金融主导驱动

不论是在哪种货币需求动机下，经济主体都更愿意选择外汇市场上那些交易规模大、交易成本低且能被其他国家贸易商普遍接受的货币，而这样的货币特征又取决于发行国是否有发达的货币市场、资本市场和外汇市场，以及是否有完善的货币市场工具。

前面已述，威廉姆斯（Williams，1968）、肯能（Kenen，1988）、李（Lee，2014）、琴（Chinn，2015）等学者已经论证金融市场的开放和成熟度在货币国际化中的重要性，国内外学者均认同此观点。杨荣海（2012）通过检验 1999～2010 年几种主要国际货币的货币国际化进程，证实了股票市场的发展程度因素所发挥的积极作用。多布森和马森（Dobson & Masson，2009）、艾琴格林和卡瓦伊（Eichengreen & Kawai，2014）等文献认为人民币在成为重要的区域或国际货币之前，中国的金融体系必须进行根本性的改革，包括但不限于提升人民银行的独立性、提高政策制定的透明度及建立有效的问责制度等方面。伊藤和琴（Ito & Chinn，2014）的研究发现，如果货币发行国金融市场深度不够或者比较封闭，则会抑制该货币在国际交易中的需求。甄峰（2014）提出，实现资本项目可兑换是人民币国际化的关键。杨荣海、李亚波（2017）通过实证研究发现，我国资本账户开放有助于使人民币获得"货币锚"地位。

人民币国际化的金融基础还不够充分，需要较长时期和较大幅度的变革、建设和完善。限制人民币国际化的主要方面是资本管制、货币兑换性不够、金融市场不够发达和开放、风险规避和管理能力较弱等，更重要的是货币国际化过程中金融市场的开放会增强其经济风险传导。石巧荣（2011）认为，依靠贸易扩大提高人民币国际化程度是困难的，提高我国金融市场的发达程度、资本市场开放程度是人民币国际地位获得的重要所在。唐和王（Tung & Wang，2012）实证人民币国际化程度不高，但是人民币国际化潜力指数却较高，造成这一差别的主要原因也是制约现实国际化水平的原因，即资本账户较为严格的管制。莱和余（Lai & Yu，2014）研究了国际贸易货币的决定因素，认为市场的外部性以及所产生的货币选择联合效应影响最大，除此之外，还提出人民币进一步发挥国际货币职能需要基于充分的金融开放条件。艾森曼（Aizenman，2015）发现流动性强、安全且低成本是国际货币的条件，而这些条件需要基于一个深度发展并能够提供充分流动性的人民币国际金融市场才可形成。叶芳（2017）指出一国货币金融市场发展程度决定了该国投资渠道流畅性，进而影响贸易渠道流畅性，最终会影响一国货币国际化。不可否认，金融的完善与开放对人民币国际化是持续作用的、也是长期需要的或者是未来在国际化高级阶段的主要驱动力。

同时，不少学者强调不可以在条件不成熟时为了货币国际化而激进开放。艾琴格林和卡瓦伊（Eichengreen & Kawai，2014）指出，在人民币国际化初期，假如完全开放资本市场是会带来巨大的金融风险的，但长远来说，如需要全面发挥人民币国际职能，资本项目开放就很有必要。贾宪军（2014）用GMM方法实证了跨境金融自由、资本流动性与日元国际地位的关系，其关系似倒"U"型，表示如果一国国内条件不够成熟的情况下，跨境金融交易和资本流动过度自由开放相反会不利于货币的国际化，这个结论对人民币国际化有比较重要的启示作用，说明现阶段依靠金融驱动还不成熟。徐国祥、蔡文靖（2018）又创新性地提出在金融发展的不同水平下，以资本与金融账户开放为例证明金融因素对国际货币各个职能的影响不同，通过构建 PSTR 模型发现，直接投资开放可以促进该货币在国际市场中的储备需求和贸易需求；到金融发展程度较高、货币国际化中期时，债券类证券账户开放有利于储备职能发挥；在金融成熟和人民币国际化的高级阶段，权益性证券账户开放将促进货币的国际金融投资职能，这个结论意味着，在人民币国际化过程中，资本与金融账户的开放应该逐步进行，目前初期阶段没有必要过度开放资本与金融账户。吴文、龚婷（2018）从新结构经济学视角，从中国的要素禀赋出发，讨论中国资本市场建立国际板以金融驱动人民币国际化的可行性，认为吸引外资从金融渠道流入以提高货币的国际化需求的成本极大，因为金融渠道吸引资本流入（产生金融项下的人民币国际需求）需要中国提供低于外部的资金价格、较高的收益机会，是一种不合理资产置换，也会造成市场扭曲，该研究提出，过剩资本向要素禀赋结构更低的发展中国家输出，资本输出下的人民币境外需求驱动需要合理引导。

上述文献表明，在我国金融市场发展尚未成熟、金融改革尚未完成的条件下，金融驱动主导不现实，也没有必要。在逐步通过推动资本账户开放、金融市场深化后，在合适的金融发展条件下，在人民币国际化的中后期再以金融驱动去深化人民币国际化程度更加有效。

（三）贸易与直接投资主导的产业驱动

通过上述文献综述，可知多数学者赞同，依靠贸易和直接投资创造国际需求，再通过较大幅度的金融开放释放海外供给满足需求，是更为现实的路径。

基于国际货币经典理论研究，我国学者注意到了产业、产品的问题，先是关注到了对外贸易领域，近几年也开始关注直接投资渠道。在对外贸易领域，国内外学者证明了产品差异程度、贸易竞争力、进出口市场份额等对贸易货币的重要影响，前文已经对此进行描述。李超（2010）的研究从人民币国际化的外贸基础角度，分析了我国外贸产品差异程度、对外贸易竞争力、对外贸易区域结构和对外贸易全球份额四个方面，认为我国贸易总量上虽然有一定优势，但结构上多为劣势，因为我国生产中的原材料和能源资源的对外依赖程度、在全球分工中的来料加工贸易模式和出口产品竞争力、市场集中性等问题导致人民币国际化的贸易基础不足。潘理权（2011）提出基于国际收支演变特征的人民币国际化发展三阶段的特点，认为目前我国经济增长方式决定了我国现阶段国际收支的特征，他的研究提出，在人民币初级阶段我国通过对欧美地区的贸易顺差和对东南亚国家的贸易逆差，在达到获得外汇储备的同时，实现人民币输出，除了贸易路径，我国还可以通过非洲等地区进行对外援助和人民币直接投资以扩大人民币输出，并积极在直接投资渠道下建立人民币回流机制，为人民币国际化构建更全面、通畅的国际循环通路。任倩（2013）的研究从国际收支视角探析人民币国际化的近期路径和远期路径，认为人民币国际化短期路径应保持经常项目顺差、以资本和金融项目逆差实现人民币净输出，特别指出在初级阶段，本币对外直接投资是一个有效路径，因为，在本币输出的同时可以同时减缓我国外汇储备增加的压力。在人民币国际化加深后，则可以依靠经常项目逆差、资本和金融项目顺差维持人民币国际化，而经常项目逆差不但要依靠扩大进口，还需要配合我国经济结构的调整来实现加工贸易缩小而实现，但也需要注意国际贸易逆差下的人民币国际化阶段不可偏离经济增长、保证充分就业等宏观目标。赵然、伍聪（2014）通过文献分析认为，制造品生产领域的产品差异化竞争优势是人民币国际化进程中首先需要突破的环节，当前劳动密集型出口产业显然已经不能满足人民币国际化的内在需求。庞贞燕、张军（2019）总结分析人民币跨境使用十年的现实与理想，提出人民币国际化必须是需求拉动的，主要依靠拓展我国外向型经济的实业规模，具体路径是提升和巩固企业的核心竞争力、产业链主导力和市场话语权，以国际产能合作、产业升级、新旧动能转换等拉动人民币国际需求。

在产业驱动中，直接投资驱动人民币境外需求也逐渐成为学者们比较关注的方向，杜萌（2016）研究认为对外直接投资可以成为人民币国际化的新的驱动引擎。朱孟楠、曹春玉（2019）研究认为，自我国2013年"一带一路"倡议以来，一国经济规模、对中国进口依存度及中国经济基本面等驱动因素有实证数据支持，并且对中国海外直接投资流入的依赖将成为人民币储备需求的主要驱动因素。但是，也有学者不完全赞同这一观点，如，杨荣海（2014）认为外国对本国的直接投资和证券投资正作用于本币国际化，而OF-DI（直接投资流出）对本币国际化是负影响的。

总体来说，现有文献更多趋于认同基于实体产业经济的对外贸易与直接投资驱动方是人民币国际需求增长的现阶段可行路径，金融驱动尚不能作为主导力量，单纯的政策驱动更是不可行。聚焦对外贸易和直接投资路径的人民币国际需求引致都需要进一步系统、深入研究。

第三节　对外贸易对货币国际需求的影响研究

对外贸易和货币国际需求是相互作用的。一方面，贸易发展又会从规模和空间上扩张促进货币的国际需求，增强货币国际职能的发挥，成为推动货币国际化的基础性力量；另一方面，货币国际需求大、货币国际化水平高会通过货币计价和交易职能的发挥来影响贸易的成本与风险，影响对外贸易。

从国内的研究文献来看，关注人民币国际化对我国对外贸易影响的研究比较多，如：郑木清（1995）、赵海宽（2003）、谢太峰（2007）、王元龙（2008）、胡宗义和刘亦文（2009）、曹臻（2012）等学者的研究，从汇率风险、交易成本等各角度论证了人民币国际化程度提升有利于我国对外贸易发展。

但是，对外贸易作为国际货币基础，现有文献聚焦研究进出口对货币国际需求影响的文献相对较少。对外贸易具有系统复杂性，其发展又具有规模和结构等维度。在宏观经济中有贸易依赖程度、国际竞争力等表现，在微观层面又与市场供给、需求、进出口商的市场地位等复杂因素相关，所以对外贸易影响货币的国际需求与地位也是从各个路径、各个方向进行的。早期就有学者在研究中肯定了对外贸易对货币国际化的重要性，奇波拉（Cipolla，1967）分析了中世纪的国际货币特征，发现国际货币的发行国都是在贸易等经济活动中活跃、规模位居前列的发达国家这一规律。在人民币国际需求引致的研究中，学者们都对对外贸易的作用十分重视，人民币国际化正式推进之前，学者们发现边境贸易对人民币需求的重要性，认为从边贸开始的对人民币自发需求形成是人民币国际化的一个重要基础。巴曙松（2003）强调边境贸易是人民币国际化推动的主要力量和现实基础，并且在人民币国际化实现前，要先实现区域化，该过程应该是循序渐进的。也有的研究是从货币循环和国际收支视角分析贸易的作用，任倩（2013）的研究提出现阶段贸易顺差是有利于人民币国际化的，贸易项下的逆差和资本与金融账户顺差是远期路径。

随着研究的深入，有学者进一步考察了对外贸易的作用路径和影响。根据研究重点和结论的不同，可以分为三类：第一类是在货币国际化综合影响因素的研究中，引入贸易规模因子，分析贸易规模和其他因素的影响；第二类是较新的研究方向，聚焦对外贸易，重点分析贸易结构或其他贸易特征的影响，结构方面一般使用某一类或某几类产品（主要是工业制成品或者高新技术产品）贸易占总贸易的比作为贸易结构的替代变量，得到贸易升级有利于货币国际化的结论；第三类是从微观层面，进行微观理论建模和数据实证，主要聚焦在贸易中的货币选择的微观决定影响上，分析内容包括市场竞争性、市场份额等。

一、国家贸易规模的影响

国家的贸易规模及在世界贸易中的地位对货币国际需求具有重要影响。不少研究得到了本国对外贸易规模与本币国际需求和国际化程度正相关的结论。

在国外研究中，萨姆斯（Shams，2002）提出一国对外贸易占世界贸易份额越大，其货币越容易发挥国际货币职能的机会。并且，一国国际贸易差额变化会影响其货币国际化，贸易逆差会促进这个国家的货币流出，进而推动该货币国际化。巴切塔与温库普（Bacchetta & Wincoop，2005）认为出口产品占其他国家的市场份额是关键因素，如果其出口占进口国市场份额大，那么该国出口商就有较大可能以本国货币计价。多数学者研究了贸易整体规模和出口规模的重要性，也有少数学者强调进口规模的作用，安德森和温库普（Anderson & Wincoop，2004）就在新的开放宏观经济模型分析下分析，发现对于进口商来说，其进口份额影响其贸易中的货币使用，如果进口规模大，则有利于选择对自身有利的货币。

在国内研究中，贸易规模的作用得到多数文献的肯定。孙海霞（2011）在实证结果中比较，发现对外贸易规模对货币国际需求的影响比经济规模的影响重要，如果一国经济规模庞大，但对外贸易量小，那么这个国家的货币成为国际货币的可能性不大。蒙震等（2013）实证结果显示，一国贸易规模提高一个百分比，大约会使货币在国际储备中的比重提高2.5%，说明国际贸易不但影响货币的计价结算功能，也会间接作用货币的其他国际职能，因此大力发展国际贸易有助于该国货币在各个职能上的国际化发展。钟阳（2013）通过美元、日元等货币的研究，发现国际货币发行国和贸易对象国之间的贸易规模越大，贸易对象国愿意在贸易中使用该国际货币的概率越大，于是促进该货币需求，有利于其货币地位的提高。董有德、李晓静（2015）观察到人民币结算在我国省际分布差距，通过计算各省跨境贸易人民币结算业绩指数进行实证检验，发现东部地区业绩最优，中西部地区在人民币跨境结算政策下促进人民币跨境结算效果并不理想，原因主要是这些地区经济发展水平、贸易市场份额和对外投资规模有限。彭红枫、谭小玉（2017）用主成分分析法构建并测算了八种主要货币的国际化程度并分析了货币国际化的影响因素，结果发现一国贸易规模占世界贸易比重对货币国际化具有显著的促进作用。

少数学者把贸易规模分解为进口规模和出口规模，发现进口和出口的作用有所差异。孟青兰（2017）通过引力模型计量，发现无论是出口贸易规模与进口贸易规模变量对货币国际化都是正向作用的，且出口贸易相对进口贸易更有利于提升本国货币的货币地位。此外，其以资本技术密集型产品贸易额的进出口通过出口贸易规模提升作用促进货币国际化。

也有学者尝试缩小研究范围，关注两国贸易，尤其是与关键货币发行国（如美国）之间的贸易规模对一国货币国际化的影响。沙文兵（2014）通过实证研究表明，中国贸易地位与人民币境外存量之间存在长期稳定的均衡关系，中国出口额相对于美国出口额的比率每上升1个百分点，人民币境外存量会相应增加0.99%。张长全、曹素芹（2017）聚焦中美贸易规模对人民币国际化的影响，发现中美贸易额的增长短期对人民币国际化是负向作用，长期为促进作用。

综上所述，大多数学者的研究结果都认为贸易规模有促进作用，但是也有极少学者从长短期的分析得到不一样的结果引人思考。余道先、邹彤

（2017）对人民币国际化数据分析得到，我国对外贸易规模对人民币国际化只有短期促进作用，没有长期拉动力，其原因可能是主要世界货币已经形成的网络外部性影响太大。

二、贸易结构的影响

除了贸易规模，也有研究关注贸易结构的问题，认为国家对外贸易结构对货币国际化有影响。一般来说，认为贸易结构越高级，越有利于货币的国际需求提升和货币国际化加深。在货币国际化理论的研究中，中国学者对贸易结构的关注更多，因为中国与美元、欧元、英镑等货币发行国不一样，我国产业结构还不够优化和高级，正值产业调整和升级的过程，人民币国际化正是在这种特殊的转型过程中推进的，所以我国学者对这方面更为关注。

有的学者是用多种主要国际货币进行经验研究。邓璐（2014）通过2000～2012年美元、欧元、日元、英镑、瑞士法郎五种货币面板数据模型对货币国际化的可能影响因素进行了实证分析，发现资本技术密集型产品出口扩大对本币国际化有积极影响，如机械与运输设备。陈仁琪（2014）基于美国、欧元区、英国和日本1999～2012年度的面板数据实证发现，贸易结构越高级越有助于本币国际化，而贸易结构的高级程度可用产品差异较高的制造业出口全球占比来衡量。

也有部分研究发现贸易问题将制约本币国际化发展，日元国际化不够成功的原因之一就是日本的贸易结构问题，可以成为人民币的重要参考。童香英（2010）认为日本的贸易的地理结构和产品结构都制约了日元的国际化，从地理结构上来说，日本对美国出口依赖度较高，而日美贸易几乎不可能使用美元之外的货币；产品结构上，其出口产品的原材料和半成品依赖进口，也不利于出口商产生使用本币贸易的动力。傅缨捷、丁一兵和王莹（2014）对日元进行研究，发现日本对市场国的出口品贸易结构提升对日元国际地位的提升存在显著为正的影响。进口结构中，初级产品和最终产品进口增加会产生负影响。

在对人民币的研究中，韩民春、袁秀林（2007）在人民币区域化的研究中验证了中国与亚洲其他国家的双边贸易关联度，并结合贸易流量和贸易结构等方面的影响，从宏观经济的角度分析了人民币区域化的经济环境，以评估人民币区域化的可行性。叶华光（2010）认为对外贸易对一国货币国际化的影响主要是由其结构产生，包括规模占世界贸易比重、产品结构和区域结构，为了提升人民币国际化，应该在贸易结构上不断提高能源及高新产品贸易的比重，在贸易区域上要加强与东盟各国的贸易。

在贸易结构的影响研究中，学者们一般根据自己的研究需求，选择贸易中的某一类或者某几类产业，或者是一两种特定产品贸易在贸易总值中的占比作为结构的替代变量，一般选择有工业制成品的占比、机械类、化学类出口占比、高新技术类产品占比等，没有统一的标准。但是一些学者发现贸易结构影响结论可以进一步用产业生产差异、市场特征等差异进行解释，所以从微观到产业层面的理论发展成为国际货币理论新的研究趋势。

三、市场特征、产业差异等微观因素影响

从微观到产业层面的研究，现有文献注意到了市场的竞争程度、生产要素特征及其进口依赖性、跨国公司内部定价、贸易产业与产品的差异特征等方面。

市场竞争程度与贸易企业的市场份额与规模、贸易双方的议价能力有关，进而对货币的国际需求与选择有影响。一般认为出口商所在行业、市场竞争越激烈，或者其出口占进口国市场份额越低，越难以本国货币定价、结算，所以越不利于本币的国际需求引致。克鲁格曼（Krugman，1984）认为，如果贸易双方的相对企业规模会决定其议价能力，如果进口商的规模大于出口商规模，那在选择贸易的计价、结算货币时进口商主导。巴切塔与温库普（Bacchetta & Wincoop，2005）考察了市场结构对定价货币选择的影响，分别从垄断市场、竞争市场探讨了不同情况下的贸易货币选择，同时发现市场份额影响厂商的议价能力及贸易货币选择权利，市场份额越高的企业出口，越容易实现以出口国货币计价和结算。德弗罗（Devereux，2017）使用加拿大进口数据分析了产品市场结构对汇率传递程度和定价货币选择的影响，分析

发现进出口双方的相对市场规模决定了汇率传递和贸易定价货币，结论为市场份额很大或很小的出口企业倾向于使用外币定价，而市场份额中等的出口企业倾向于使用本币定价。

在近年来的研究中，学者不但关注到产品的市场特征，还逐渐深入到了生产因素对贸易货币需求的影响，主要发现为进口的生产资料在进口环节使用的货币会是生产商未来出口时的重要考虑。诺维（Novy，2006）建立了一个货币选择的三国模型，认为贸易中货币决定是由汇率波动下企业对冲成本的愿望驱动，所以，企业在生产环节的进口投入品有以外币计价的，且该比重越高，企业出口时越倾向于使用该种外币计价结算。戈皮纳特（Gopinath，2010）论证发现，在出口商生产过程中，如果中间产品的进口依赖性强，则会抑制出口商在出口贸易中选择本币计价结算的动机。钟（Chung，2015）同样基于利润最大动机进行研究，其实证发现英国进口投入品的外币计价比重与最终产品出口外币计价比重呈正相关，或者说进口生产资料的外币计价比重与未来出口中以本币计价比重的反向相关，其研究中发现如果英国出口商在进口生产资料时增加 1 个百分点的外币计价，导致在出口使用英镑将下降约 18%。这一结论我国学者在国际货币的经验研究中也有论证，例如，何帆（2010）、殷剑峰（2011）、许祥云等（2014）与陆长荣和丁剑平（2016）等文献以日元为例说明，日本由于受到本国资源的限制，其出口商品的生产过程需要大量依靠原材料、中间产品的进口，但是这些生产资料大多已经在世界市场中形成了美元计价结算的习惯，所以日本的出口商日常需要外汇，特别是美元，因此当他们在出口时也愿意选择美元，因为这样可以对冲汇率风险，这一原因导致日元在本国对外贸易中的需求动力不足。

产品、产业差异性的影响也得到了关注。一些国外学者在研究货币国际化条件和影响因素时，就已经发现不同产业的贸易中的货币选择有所差别，因此把国际货币选择与产业异质性相联系，思考产业层面因素对货币国际选择的影响。麦金农（Mackinnon，1979）的研究中把贸易品分为两类：一类是高度差异的制成品；另一类是相似性高的初级产品，他认为在贸易中，交易者一般来说都偏好使用本国货币以规避汇率风险。但是在第一类贸易中，出口商更具有定价的市场权利，所以更有机会实现母国货币计价。在第二类商品的贸易中，生产商更有可能处于价格接受者地位，并且会考虑交易货币对出口的影响，因此会被动选择与其他出口商一致的计价货币标价、结算。

延续麦金农的研究，有学者发现产业计价货币的差别主要源于贸易产品差异化程度、产品的需求价格弹性，认为出口差异化程度越大、需求弹性越小的产品，越能够激发本币的境外需求。产品差异性越强，越不容易被替代，需求价格弹性也就越小，直接提高了出口商的议价能力，所以容易实现出口以本币计价结算的目标。对于进口商来说，由于需求价格弹性和产品替代性小，不得不被动接受。尾崎和塔夫瓦斯（Ozeki & Tavlas，1992）发现20世纪80年代德国与发展中国家之间的贸易量大幅减少，但是德国马克的国际结算需求没有受到太大影响，原因是德国出口产品差异化程度高，国际竞争力强。大谷等（Oi, Otani & Shirota，2003）研究发现日元仅在日本产品需求弹性小、差异化较大的产业中占据一定的结算货币主导地位，而在需求弹性大、产品差异性不明显的产业中，日元的结算比例都相对较小，日本出口中以日元计价比例高的产业是运输工具、精密仪器，而金属和相关制成品、化学制品使用日元计价的比例最低。

坎普思（Kamps，2006）研究美元经验，得出美元的结算货币地位和其产业差异化有直接的关系，这对欧元有借鉴意义，此外出口占世界市场份额的额提高也是有利的。弗里伯格和维兰德（Friberg & Wilander，2008）对瑞典出口商进行了问卷调查，同样发现企业出口产品差异性越强，它选择瑞典克朗贸易的概率也就越高。戈德伯格和蒂尔（Goldberg & Tille，2008）对20多个国家的贸易进行经验分析，发现产品替代弹性与本币计价结算比重负相关，如果出口产品替代弹性大，贸易货币一般是美元或其他主要世界货币。戈德伯格和蒂尔（Goldberg & Tille，2009）提出了货币选择的"聚集效应"（coalescing effect，后来也有研究称为"联合效应"），即相互竞争的出口企业倾向于选择相同的出口计价货币行为，并指出这一行为通常发生于同质产品或高替代性产品出口中，原因是同质性强的贸易商品的需求价格弹性和替代弹性一般很大，出口商选择使用与其竞争对手相同的货币计价能避免价格波动造成国际市场对本国商品需求波动，这也是美元等交易货币在初级产品、同质产品交易中被广泛使用的原因。

近年来，我国学者也开始从贸易产业和产品的差异性上分析人民币国际化的问题。董有德、王开（2010）通过理论研究发现，出口厂商的需求价格弹性大小影响国际结算币种的选择，产品的需求价格弹性大小又与出口商的市场垄断力量密切相关。李超（2010）将产品细分为初级产品、工业制成品和高新技术产品等类别，实证发现出口结构中初级产品比重增加不利于人民币区域化。冯涛、魏金明（2011）从微观视角进行局部均衡推理，发现卖方市场的结构决定了出口商计价策略的影响因素，在卖方垄断下，影响计价货币选择的因素为出口商品的需求价格弹性；而在卖方寡占市场上，影响计价货币决定的因素包括出口商品的需求价格弹性、出口国所占进口市场的份额、其他出口商的计价策略和汇率波动程度，而产品差异化程度又是决定需求价格弹性的主要因素，因此得出不论哪种市场下出口商品差异性高都会增加以出口方货币计价的比例与可能的结论。

但是目前我国关于人民币国际需求的中观、微观层面的研究还很受局限，主要原因是数据的难以获得，目前几乎没有系统的关于企业、行业的货币结算的详细数据统计。为了突破这一限制，个别学者尝试问卷调查和咨询银行的方式获得部分数据。罗忠洲、吕怡（2014）通过问卷调查了我国 100 多家出口企业跨境贸易的货币选择，通过统计分析发现出口纺织、服装和皮毛等高同质性产品的企业，一般固定选择美元进行计价和结算，因为这些企业的议价能力不高，同时发现出口技术密集型产品的企业选择美元贸易的比例较低。史龙祥等（2015，2016）搜集了一万余家我国企业样本，使用从 2000 ~ 2012 年间进口订单的金额和币种数据分析，结果显示进口商品的需求价格弹性越大，进口订单越大，使用人民币结算的可能性越大。并根据此经验得到小麦、大豆、未梳棉花、零部件、自动打字机、计算机、自动数据处理设备、无绳电话机等几类商品的进口行业适于采用人民币结算，为人民币国际化进一步推进探索产业端层面有效可行的路径。咸兵（2018）通过对某大型银行客户的各种结算币种搜集以及分类别商品贸易占比全国份额，估算出我国分类别商品贸易的各种货币结算金额，进一步通过中国每种商品进出口总额在世界同类商品贸易中占比来计算出人民币在世界商品贸易中货币使用占比。

在微观层面，还有较少学者关注到跨国公司经营与货币国际需求的问题，代表研究是伊藤等（Ito et al.，2013）通过对在东京证券交易所上市的920家日本制造业生产商问卷调查，发现日本母公司从海外子公司的进口通常采用日元进行结算，然而日本母公司向亚洲市场子公司的出口主要采用美元作为结算货币，且结算货币的选择和其供货链结构和产品的最终销售地之间有显著的关联性，所以国际货币需求与一国跨国企业的经营相关。

综上可见，大多研究影响因素的文献仅把对外贸易作为其中一个因素放入研究，聚焦对外贸易对货币国际需求影响的文献较少，缺乏系统、全面、深入的理论梳理和论证。此外，虽然前沿研究越来越多从企业、产品等微观角度进行研究，但人民币的相关研究还比较缺乏，且大多停留在基本的定性论述基础上。所以本书选择聚焦贸易路径，从宏观层面延伸到产业层面对人民币需求引致问题进行可以为这块相对空白的研究领域添砖加瓦。

第三章

对外贸易影响货币国际需求的机理分析

　　本章以对外贸易中的货币选择与决定机制为起点，第一节从贸易中的企业利益最大化出发，阐释影响对外贸易货币的微观选择影响因素。但是，对外贸易对货币国际需求的作用不仅仅局限于货币的结算职能，还会从其他角度影响货币的需求与供给，因此本章第二节基于 IS-LM-BP 模型，结合货币需求理论和汇率等国际金融相关理论，对 IS-LM-BP 模型进行货币国际化背景下的修正和运用，通过商品市场、货币市场与国际收支互相作用机理对贸易的货币国际需求影响进行分析，梳理其宏观动态作用机制。并补充解释网络外部性、离岸金融市场发展等引起货币国际选择集聚，综合提出对外贸易对本币国际需求的乘数作用的新观点。本章的第三节是在前面理论分析基础上，对对外贸易影响货币国际需求的贸易规模、贸易差额和贸易产品差异度等内在机制进行进一步提取和分析，提出后文实证的理论假设。

第一节　进出口企业在对外贸易中的货币选择

本书以微观分析为主，从出口企业利润最大化出发，论证出口企业在进出口中计价、结算货币的选择。理论上讲，计价货币与结算货币是两个概念，但实际贸易中计价货币和结算货币经常相同。一般来说，如果双方在合同中只规定了计价货币，没有特别规定结算货币，则认为计价货币就是结算货币。并且对计价或结算货币几乎没有专门单独的数据统计，因此本部分是基于计价货币和结算货币一致的假定。

下面的研究是从局部均衡到一般均衡，从垄断市场特征到非垄断市场特征，从两国货币模型扩展到三国货币模型，考察微观企业的计价决定。主要证明方法参考巴切塔和温库普（Bacchetta & Wincoop，2005）的模型（本书简称为"B-W 模型"），并根据本书研究目的在其基础上进行了一定拓展。证明路线是先论证垄断市场下的出口商货币选择，再论证竞争市场下的贸易货币决定，其中竞争市场的论证是从两国两货币模型展开、再拓展到多国多货币模型。B-W 模型是基于劳动力是生产要素的主要构成，劳动力价格（工资）是生产成本的主要决定，这一假设就使其结论的适用性十分局限，所以下面论证中加入了产业差别的考虑，不但考虑劳动力主导产出的情况，也考虑资本主导产出的情况，以劳动密集型和资本密集型为例考虑不同产业中企业贸易的货币选择的差异及其影响因素，便于将微观层面的结论进行到中端层面的分析。

一、垄断市场下的微观选择模型

在进出口贸易中，汇率风险规避是货币选择的直接动机。通常合同订立和实际交割之间有一段时间，而这期间汇率的不确定变化就是汇率风险。如果采用进口国货币计价结算，出口企业会收到进口国货币，然后需要兑换成本国货币，一旦该货币贬值，则影响了出口利润；对于进口企业来说，若采用出口国货币计价结算，进口国在支付时如果该货币升值，其进口成本就要增加。倘若采用第三国货币，如美元，贸易双方都要面临美元汇率变动带来的风险。虽然国际金融市场中有外汇远期、期货和期权等金融工具可以进行套期保值，但是仍然不能确定消除风险，并有新的成本产生。因此，一般来说，企业仍会偏好在贸易合同中采用本国货币计价结算。

（一）思路与假定条件

模型的基本思路为：比较出口企业在以不同货币计价和结算时，其利润的差别。如上所述，在进出口贸易中，货币选择与汇率风险有直接关系，以对方货币计价结算一般意味着自己承担了直接的汇率风险，所以一般而言为了规避汇率风险，进出口国都会试图用本国货币计价结算。但是用本国货币计价结算，未必能使自己的利益最大化。比如对于出口商来说，如果以本国货币出口，进口商就可能因为即将面临的汇率风险而减少需求量，若该商品的需求价格弹性大，其需求量下降得多，则会引起出口订单量的减少和销售额、生产成本、预期利润等一系列的不确定。所以在现有文献中，已有学者试图从贸易量、进出口商的议价能力等方面进行论证，但其实不论从什么角度论证，基本都从进出口企业的利益最大化出发。

为了使研究简单化，进行几个基本假定：

假定1：只有两种货币，即贸易中要么选择进口国货币，要么出口国货币，暂不考虑他国货币的竞争（即第三国货币计价情况）。用出口国货币计价结算为PCP方式（producer currency pricing），用进口国货币计价为LCP方式（local currency pricing）。

假定2：出口商在本国生产，生产出口商品的投入品全部来自国内，没有进口资料。

假定3：贸易双方在风险偏好上都是风险厌恶型。

假定4：预期利润的效用最大化是出口商选择计价货币的目标。出口商利润函数的预期效用假定为冯·诺伊曼－摩根斯坦恩效用函数。

（二）模型建立与推导

首先是垄断市场特征下的论证，假定只有一个出口商，令出口商面对的进口需求函数 D(p)，其中 p 是进口商面临的价格；产出的成本函数 C(q)，q 为产出量。此外，未来结算汇率是目前不确定的因素，而企业需要在未来汇率已知之前就定价。汇率用 S 表示，若出口商以进口国货币计价，则 p 为 P_I；若以出口商本国货币标价，对于进口商来说 p 为 P_E/S。因此以不同货币计价时利润如下：

$$\pi^I = SP_I D(P_I) - C[D(P_I)] \tag{3-1}$$

$$\pi^E = P_E D\left(\frac{P_E}{S}\right) - C\left[D\left(\frac{P_E}{S}\right)\right] \tag{3-2}$$

式（3-1）为 LCP 方式的利润，式（3-2）是 PCP 方式下的利润。D 为关于价格的需求函数，C 为关于产量的成本函数，并假定产量由需求量决定。通过上式也可知，以进口商货币定价时，对于出口商获得收入后转换成本国货币的最终价格 SP_I 不确定，但其面临的进口商需求却比较稳定；在以出口货币定价时，虽然价格确定，出口商貌似没有直接的汇率风险，但是因为进口商面临的价格随汇率波动，所以需求量会受到影响而不确定，进而对于出口商来说，需求量相关的产出水平所对应的生产成本也面临不确定。

企业需要比较两种定价方案下利润的预期效用，即得出 $EU(\pi^E) - EU(\pi^I)$ 的结果。如果 $EU(\pi^E)$ 大于 $EU(\pi^I)$，出口商则会选择以本国货币计价；如果 $EU(\pi^E)$ 小于 $EU(\pi^I)$，出口商则会选择以进口国货币计价。

可以计算名义汇率方差 $\sigma^2 = 0$ 时 $EU(\pi^E) - EU(\pi^I)$ 的边际导数以评估少量风险时最优定价策略[①]。设 U' 和 U" 是效用的一阶和二阶导数，其中 U 是利润和 S' = E(S) 的函数。

设 $\pi^E(S, x)$ 和 $\pi^I(S, x)$ 是两个利润函数，其中 x 是决定于 σ^2 的参数向量。假设 $\frac{\partial(\pi^E - \pi^I)}{\partial x} = 0$，当 $\sigma^2 = 0$ 时，$\pi^E = \pi^I$。并假定 E(S) = S' 为常数，且任意效用函数 U 二次可微。然后检验 $\bar{S} = E(S)$ 附近小风险情形，因为 $\frac{\partial(\pi^E - \pi^I)}{\partial x} = 0$，所以只需要考虑利润是汇率 S 的函数，在其确定水平下 x 不

---

① 汇率的方差一般被用来代表汇率风险，因为风险就是汇率变化的不确定性。

变。因此汇率不变时，$\pi^E(\bar{S}) = \pi^I(\bar{S})$。令 $f(S) = U(\pi^E) - U(\pi^I)$，则 $f(S) = 0$，且对其求一阶导可得：

$$f'(s) = U'(\pi^E)\frac{\partial \pi^E}{\partial S} - U'(\pi^I)\frac{\partial \pi^I}{\partial S} \tag{3-3}$$

求二阶导后得：

$$f''^{(\bar{S})} = U''\left[\left(\frac{\partial \pi^E}{\partial S}\right)^2 - \left(\frac{\partial \pi^I}{\partial S}\right)^2\right] + U'\left[\frac{\partial^2 \pi^E}{\partial S^2} - \frac{\partial^2 \pi^I}{\partial S^2}\right] \tag{3-4}$$

然后在 $\bar{S}$ 邻域内进行泰勒二次展开：

$$f(S) = f(\bar{S}) + f'(\bar{S})(S - \bar{S}) + \frac{1}{2}f''(\bar{S})(S - \bar{S})^2 \tag{3-5}$$

其期望值为：

$$f(S) = \frac{1}{2}f''(\bar{S})(S - \bar{S})^2 = \frac{1}{2}f''(\bar{S})\sigma^2 \tag{3-6}$$

得出本章的引理：

$$\frac{\partial[EU(\pi^E) - EU(\pi^I)]}{\partial \sigma^2} = \frac{1}{2}U''\left[\left(\frac{\partial \pi^E}{\partial S}\right)^2 - \left(\frac{\partial \pi^I}{\partial S}\right)^2\right] + \frac{1}{2}U''\frac{\partial^2(\pi^E - \pi^I)}{\partial S^2} \tag{3-7}$$

上式引理会作为后面大部分内容的分析基础。

定义简化形式需求函数为：$D(p) = p^{-\mu}$，表示需求是价格的函数，μ 是需求价格弹性。假定生产只需要劳动力和资本两种生产要素 K 与 L。

由于本书想在产业差异的基础上考察需求价格弹性、要素产出弹性等因素对贸易货币选择，因此假定技术等其他因素短期不变的情况下，列举两种生产函数：

产业1：要素投入中几乎全部是劳动力，资本很少，为劳动密集型行业。写出成本函数，由 $C(q) = wL$，$q = L^{\frac{1}{\varphi}}$，$\varphi$ 为劳动力产出弹性 b 的倒数，可以推出把成本函数形式可以写为：$C(q) = q^{\varphi}$。

因此则有劳动密集型产业的（极端）需求与成本函数：

$$D(p) = p^{-\mu} \tag{3-8}$$

$$C(q) = wq^{\varphi} \tag{3-9}$$

产业 2：同理可推，假定某产业劳动力投入很小甚至可以忽略，资本是主要的生产要素，则可以写出资本密集型行业的需求与成本函数。其中 r 是资本价格（利率），ν 是资本的产出弹性倒数。

资本密集型产业的（极端）需求与成本函数：

$$D(p) = p^{-\kappa} \tag{3-10}$$

$$C(q) = rq^{\nu} \tag{3-11}$$

下面以劳动力密集型行业为例证明，把式（3-8）、式（3-9）代入利润函数式（3-1）、式（3-2），得到：

$$\pi^{I} = S(P^{I})^{1-\mu} - w(P^{I})^{-\varphi\mu} \tag{3-12}$$

$$\pi^{E} = S^{\mu}(P^{E})^{1-\mu} - wS^{\varphi\mu}(P^{E})^{-\varphi\mu} \tag{3-13}$$

出口商在 $\sigma^2 = 0$、$E(P) = \bar{S} = 1$ 时，选择最优计价货币时有 $P^E = P^I = E(P)$，进而根据引理式（3-7）可计算得到：

$$\frac{\partial[EU(\pi^E) - EU(\pi^I)]}{\partial\sigma^2} = \frac{1}{2}U'(\mu-1)P^{-1-\mu}[1-\mu(\varphi-1)] \tag{3-14}$$

由该式可知，货币选择决定于 $[1-\mu(\varphi-1)]$ 的符号。因此可以得到货币选择条件：

条件 1：当 $\mu(\varphi-1) < 1$ 时，出口商以本国货币计价，即 PCP 方式。

条件 2：当 $\mu(\varphi-1) > 1$ 时，出口商以进口国货币计价，即 LCP 方式。

用相同的方法，将式（3-10）、式（3-11）代入式（3-3），可以得到资本密集型行业贸易货币选择的相似结果，即：

当 $\kappa(\nu-1) < 1$ 时，出口商以本国货币计价，即 PCP 方式。

当 $\kappa(\nu-1) > 1$ 时，出口商以进口国货币计价，即 LCP 方式。

（三）垄断模型下的主要结论

综上所述，在垄断市场特征的两个国家、两种货币的模型下，得出推论：

推论 1：贸易中的货币选择与贸易标的物的需求价格弹性有关。由于 μ 是出口商品的需求价格弹性，在要素产出弹性保持不变时，μ 值越小越能满足 PCP 的条件，也就是说、需求价格弹性就越小，出口商以本币计价既可以使自身规避了汇率风险，又不会造成需求的剧烈波动，满足利益最大

化的目标。相反，如果产品的差异化程度也越大，μ 值越大，越可能达到 μ
(φ-1) >1 的条件，也就是需求价格弹性越大，需求对价格比较敏感，如果
以出口国货币定价，由进口商承担直接汇率风险的话，会大大影响其需求量，
进而影响出口量和出口商货币，所以 μ 值越大，贸易中的货币选择结果更有
可能是进口商所在国货币。

推论2：贸易中的货币选择与贸易标的物的生产要素的产出弹性与规模
报酬有关。需求弹性一定时，φ 越大，即要素产出弹性越小，多生产要素时
则可能表现为规模报酬越小，也越可能达到 μ(φ-1) >1 的条件，则会使用
进口国货币定价。

推论3：异质产业贸易中货币选择有差异，从上述推理和结论可推：一
般来说，技术密集型产业、资本密集型产业出口的本币国际需求引致效应会
大于劳动密集型产业。原因是：首先，由于已证明"出口产品的需求弹性与
出口国货币计价可能性反向相关"，不同行业的产品需求弹性有差异，对于
产品差异程度比较小的、可替代性小的、生活必需的，则更有达到选择出口
国货币利润最大化的条件。其次，不同行业的生产要素密集度不同，同一要
素的产出弹性也不同，因此异质产业的贸易货币选择也有差异，已证"出口
产品要素产出弹性越大，越容易激发出口国需求"。所以可推知：其一，技
术进步、生产力发达的国家或产业，要素产出弹性高，则出口商更有可能使
用本国货币进行贸易；其二，主导要素不同的产业出口的本币需求引致，技
术密集型产业作用大于资本密集型产业，资本密集型产业大于劳动密集型产
业更容易实现本币出口，因为知识技术的产出弹性、资本的产出弹性一般高
于劳动力的产出弹性①。

---

① 现有文献对我国要素产出弹性的测算都得到较为统一的结论：我国资本产出弹性大于劳动产
出弹性的结论。具有代表性的文献如：赵志耘等（2006）基于面板数据测算我国整体的要素产出弹性
资本的产出弹性为0.59、劳动的产出弹性为0.41；基于 C-D 生产函数估计的估计是资本的产出弹性
为0.69、劳动的产出弹性为0.31。

二、竞争市场下的微观选择模型

（一）思路与假定条件

上一小节论证是建立在垄断市场特征下的，也就是一家出口企业主导定价，不需要考虑同行竞争者的行为。然而，这并不符合现实条件。现实中，多数行业在世界贸易中都是竞争特征的，并且出口产品可能具有较强同质性，在这种条件下，为了维持市场份额和利益，出口商就必须在考虑其他出口商货币选择策略的基础上进行货币选择，这个选择的过程也是博弈的过程。下面在垄断模型基础上进行拓展，考察市场竞争特征下的贸易货币选择。

此小节研究的是竞争特征下的市场，在此条件下，出口商不但面临本国其他同行业生产商的出口竞争，也面临进口国本国企业的同行业生产商的竞争，市场竞争影响出口商出口量占进口国该类产品的市场份额，也一定程度反映企业在市场中的地位和议价能力。一般来说，出口商如果所占市场份额较小，其议价能力较弱，就难以选择用本国货币计价，定价可能会被进口商主导，并且，为了避免失去市场而需要跟从其他出口商的定价策略、货币选择。

下面进行论证，运用与上小节的相同方法，通过两国模型论证，但竞争市场下需求函数与垄断市场下的需求函数不一样，引理的应用中采用新的需求函数。

假设 1：某行业现在出口国有 N_e 家企业对某进口国出口，该进口国自己在该行业已有 N_h 个生产厂商，所以对于出口国来说，企业数量上看，其在进口国所占的市场份额为 $n = \dfrac{N_e}{N_h + N_e}$。

假设 2：出口商的计价策略选择是在观察本国其他出口商的计价策略选择后再决定的。假定不同生产商的出口品需求交叉价格弹性 μ 大于 1，则出口商 i 的产品需求为：

$$D(p_i, P^*) = \frac{1}{N_h + N_e}\left(\frac{p_i}{P^*}\right)^{-\mu} d^* \qquad (3-15)$$

其中，p_i 是以进口国货币衡量的厂商定价，P^* 是进口国该行业总体价格指数，假定生产厂商总数足够多，所以单个出口商的价格变化几乎不影响行业价格指数；d^* 是进口国对该类商品进口支出，为名义支出水平除以行业价格指数。

$$P^* = \left(\sum_{j=1}^{N_h+N_e} \frac{1}{N_h + N_e} p_j^{1-\mu} \right)^{\frac{1}{(1-\mu)}} \qquad (3-16)$$

若出口国的出口企业有部分企业出口以本国货币计价结算（定价为 P^E），也有部分企业选择进口国货币计价结算（定价为 P^I），比例分别为 f、$(1-f)$。以 P^h 表示进口国厂商在本国以本币标价的产品价格。那么进口国该行业价格指数为：

$$p^* = \left[nf \left(\frac{p^E}{S} \right)^{1-\mu} + n(1-f)(p^I)^{1-\mu} + (1-n)(p^h)^{1-\mu} \right] \qquad (3-17)$$

由于是非垄断市场，企业定价需要考虑其他企业的定价策略，所以存在两种博弈结果，即纳什均衡（Nash equilibrium）和合作均衡（coordination equilibrium）。纳什均衡是纳什博弈的结果，在纳什博弈中，每家公司都以所有其他公司的定价决策为条件做出最优的定价决策。在合作均衡中，母国公司在对各公司最优定价决策上进行协调合作。纳什均衡结果可以通过应用引理得到当已知其他企业货币选择的基础上进行最优抉择。同样，在假设所有企业货币选择策略一致时，可以得到合作均衡的结果。

（二）推导证明

以劳动密集型（假设只考虑劳动力成本）产业为例，运用式（3-15）的需求函数可以得到不同货币标价下的利润函数：

$$\pi_i^I = Sp_i^I (p_i^I/P^*)^{-\mu} - w(p_i^I/P^*)^{-\varphi\mu} \qquad (3-18)$$

$$\pi_i^E = S^\mu p_i^E (p_i^E/P^*)^{-\mu} - wS^{\varphi\mu}(p_i^E/P^*)^{-\varphi\mu} \qquad (3-19)$$

假设出口商在 $\sigma^2 = 0$、$S = \bar{S} = 1$ 时，所有企业选择相同的价格，即 $P^H = P^E = P^I = \bar{P}$，运用引理 1 计算后整理可得：

$$\frac{\partial \left[EU(\pi^E) - EU(\pi^I) \right]}{\partial \sigma^2} = \frac{P}{2} U'(\mu-1)\left[1 - \mu(\varphi-1)(1-2fn) \right]$$

$$(3-20)$$

从该结果可以看出在竞争市场下，货币选择决定于 $[1-\mu(\varphi-1)(1-2fn)]$ 的正负号。也就是纳什博弈下，有三种纳什均衡的可能：

可能1：$f=0$，且 $EU(\pi^E)<EU(\pi^I)$ 时，其他出口企业均以进口国货币定价，该出口企业也倾向选择进口国货币定价（LCP）。

可能2：$f=1$，且 $EU(\pi^E)>EU(\pi^I)$ 时，其他出口企业均以本国货币定价，该出口企业也倾向选择本国货币定价（PCP）。

可能3：$0<f<1$，且 $EU(\pi^E)=EU(\pi^I)$，此时出现混合结果均衡，即 f 比例的企业用本国货币定价，但其他企业可能选择不同决策。

合作均衡下，企业进行合作时会考虑到其他所有公司都在做同样的事情，以此考虑他们的最佳定价策略。因此，如果他们认为 $f=1$ 时，则 $\dfrac{\partial P^*}{\partial S}=-n\bar{P}$，他们以会以自己的货币定价；如果他们认为 $f=0$ 时，则 $\dfrac{\partial P^*}{\partial S}=0$，他们以会以进口国货币定价。于是有：

$$\frac{\partial[EU(\pi^E)-EU(\pi^I)]}{\partial\sigma^2}=\frac{1}{2}U'\bar{P}(1-n)\{n\mu+(1-n)(\mu-1)$$

$$[1-\mu(\varphi-1)]\}-\frac{1}{2}U''\bar{P}^2n(n-2) \qquad (3-21)$$

可以发现 n 大于 0 接近 1 时，$\dfrac{1}{2}U''$ 足够大时，结果为正，表示合作决策下，最优均衡是所有企业都选择以自己的货币计价出口（PCP）。

通过把式（3-9）、式（3-15）代入引理，设 $\bar{n}=\dfrac{1}{2}-\dfrac{1}{2\mu(\varphi-1)}$，可以推论得到：企业的货币选择主要决定于 $\mu(\varphi-1)$ 与 1 的比较关系，以及市场份额 n 与 $\bar{n}$ 的大小关系。所以得到货币选择的条件：

条件1：当 $\mu(\varphi-1)<1$ 时，出口企业选择本国货币计价（PCP）。

条件2：当 $\mu(\varphi-1)>1$ 时，且 $n<\bar{n}$ 时，出口企业选择进口国货币计价（LCP）。

条件3：当 $\mu(\varphi-1)>1$，且 $n>\bar{n}$ 时，就可能出现前面所述的三种纳什均衡结果：（1）全部出口企业 PCP；（2）全部出口企业 LCP；（3）一部分出口企业 PCP，一部分 LCP。而当企业合作定价时，则会全部选择 PCP。

资本密集型产业的推导，使用相同的方法，引入只考虑资本的成本函数 (3-11)，得到相似结论，结论也与要素产出弹性密切相关，但是为资本的产出弹性。即：资本密集型的极端情况（成本函数仅涉及资本要素）下：当 $\kappa(\upsilon-1)<1$ 时，出口企业选择 PCP。当 $\kappa(\upsilon-1)>1$ 时，且 $n<\bar{n}$ 时，出口企业选择 LCP。当 $\kappa(\upsilon-1)>1$，且 $n>\bar{n}$ 时，就可能出现全部出口企业 PCP、全部出口企业 LCP 和部分 PCP、部分 LCP 的三种情形，同样，加入出口企业可以达成一致、合作定价，全部选择 PCP 最优。异质产业的需求引致效应比较，以上述两类产业为例，取决于 $\kappa(\upsilon-1)$ 与 $\mu(\varphi-1)$ 的值，如果 $\kappa<\mu$，$\upsilon<\varphi$ 时，资本密集型产业就越容易达到本币计价出口的理论条件，也就是该产业对本币国际需求引致的效果越强，这一点与垄断模型结论一致。但是不同要素密集型的产业又影响 n 与 $\bar{n}$ 的大小关系，如果该产业出口的主要产品是进口国自身产能不足或者没有技术生产的差异性产品，那么 $n>\bar{n}$ 的概率也就越大，因此获得结果 3 的概率越大，越有可能用本币计价结算，这可以推理技术密集型产业出口，尤其是高新技术产品出口的本币需求引致效应可能越大。

（三）竞争模型下的主要结论

综上所述，竞争模型下的主要结论包括：

推论 1：竞争市场下，决定单个出口商计价货币选择的主要因素依次为：出口商品的需求价格弹性、要素的产出弹性、出口国所占进口市场的份额、其他出口商的计价策略。

推论 2：贸易货币选择的最终结果与出口商的市场份额关系密切。如果出口占进口国市场份额很小，出口商一般是计价货币的被动接受者，从而结果为进口国货币计价。如果出口占进口国市场份额较大，出口商则比较容易站在议价能力强的地位，但由于是竞争市场，还需要考虑其他出口商的货币选择，如果能够合作定价，会达到对于出口商来说的最优结果，即本国货币定价（如果不考虑还有他国出口商竞争）；但是，合作均衡在现实中很难达到，所以最终更有可能实现的是部分本国货币计价，或全部进口国货币计价。同时说明了货币在贸易中的地位维持需要其稳定的汇率和较大的出口市场份额来维持和强化。

推论3：当要素产出弹性一定时，出口商品的需求弹性越大，贸易中越可能出现用进口国货币计价的结果；而需求弹性小时，贸易中比较可能出现出口国货币计价的结果。

推论4：产业异质性方面，竞争模型与垄断模型均展现了不同产业贸易选择差异的重要机理。异质产业的本币国际需求引致，在贸易结算职能中，不但取决于主导生产要素的产出弹性、产品的需求价格弹性，还取决于该产业在国际市场中的竞争程度。与垄断模型相比，竞争模型主要补充了市场竞争程度影响，产品差异性越小、市场竞争越激烈，则出口企业占进出口市场份额也就越小，则最终结果无法使用本币结算。产品差异大、市场竞争小的产业，出口商有机会获得较大市场份额，这种情况下，未必就可以实现本币结算，货币选择会与出口商之间的博弈密切有关，会出现多种结果的可能性，但相比市场份额小的情况增加了本币结算的概率。其中，在出口商可以联合定价时，本币计价概率会更高，因此在这种特征的产业贸易下，政府可以引导本国出口商合作定价，以提升本币的国际使用。此外，应用该原理可以解释为什么在发达国家优势产业对外贸易时，进口国会接受发达国家货币计价结算。例如，当发达国家出口其技术密集型产业到发展中国家，其面对的进口国当地竞争厂商少，比较容易获得较大的市场份额，而市场份额大小对贸易货币的博弈结果起着重要决定作用。

三、多国、多货币模型

前面的论证都是基于两国模型的论证，假设只有一个出口国、一个进口国。为了更加贴近现实，在前面模型基础上，放宽该假设，分析多个国家都拥有所分析产品的生产力，且同时有多国出口商向进口国市场出口。

设有 Z 个国家都向特定市场销售，i 国向该市场出口的企业数量假定为 n_i。由于出口在国不仅仅是一个，所以现在出口商所在国货币种类也不仅是一种，也有 Z 种（不考虑有的国家使用相同货币）。

令 i 国对某一国出口的数量占进口国市场份额为 n_i，其中（i = 1，

2，…，Z）。每一个生产企业的需求函数、成本函数都是式（3－8）、式（3－9）或者式（3－10）、式（3－11）（分别还是劳动密集型产业和资本密集型产业的极端形式）。i 国企业以 x 货币计价为 x(i)。S_x 为 x 货币对国家 1 货币的汇率。

再次应用前文得到的引理。先假定有 Z 个国家，方便计算假定所有企业的定价都一致为 1。考虑国家 1 的某个出口商向国家 2 出口的情况。国家 1 的出口商比较以自己本国货币 1 出口和以他国货币 x 出口的预期利润效用之差。令 S_j 为 j 国货币对国家 1 货币的汇率（直接标价法：1 单位 j 货币 ＝ S 单位的 1 国货币）。利用前面论点，在 $\bar{P} = \varphi\mu\omega/(\mu-1)$ 上确定以他国货币 x 和本国货币 1 的利润差，以得到多国多货币下的结果。

成本函数、需求函数代入利润函数后可得：

$$\pi^x = S_x\bar{P}\,(S_x\bar{P}/\tilde{P})^{-\mu} - w\,(\bar{P}S_x/\tilde{P})^{-\varphi\mu} \qquad (3-22)$$

$$\pi^1 = (\bar{P}/\tilde{P})^{-\mu} - w\,(\bar{P}/\tilde{P})^{-\varphi\mu} \qquad (3-23)$$

其中，$\tilde{P}$ 是用国家 1 货币表示的国家 2 的物价指数：$\tilde{P} = S_2 P_2$

$$\tilde{P}^{1-\mu} = \bar{P}^{1-\mu}\sum_{i=1}^{Z} n_i S_{x(i)}^{1-\mu} \qquad (3-24)$$

因为现在模型是多货币模型，所以利润差也受到多种货币汇率的影响，所以引理中所用的泰勒二次展开就变为基于 $f(S_x, S_1, \cdots, S_{x(Z)}) = U(\pi^x) - U(\pi^1)$，所以：

$$E(f) = \frac{1}{2}\frac{\partial^2 f}{\partial S_x^2}Var(S_x) + \sum_{i=1}^{Z}\frac{\partial^2 f}{\partial S_x \partial S_{x(i)}}cov(S_x, S_{x(i)}) \qquad (3-25)$$

均衡时有：

$$\frac{\partial^2 f}{\partial S_x^2} = U'(\mu-1)\bar{P}(\mu-\varphi\mu-1) \qquad (3-26)$$

$$\frac{\partial^2 f}{\partial S_x \partial S_{x(i)}} = U'(\mu-1)\bar{P}\mu(\varphi-1)n_i \qquad (3-27)$$

把式（3－26）、式（3－27）代入式（3－25），整理后得到下式：

$$\frac{2E(f)}{(\mu-1)U'\bar{P}} = (\mu-\varphi\mu-1)Var(S_x) + 2\sum_{i=1}^{Z}\bar{P}\mu(\varphi-1)n_i cov(S_x, S_{x(i)})$$

$$(3-28)$$

当其值达到最大时，相当于 $Var(S_x) + \mu(\varphi-1)Var(\sum_{i=1}^{N} n_i S_{x(i)} - S_x)$ 最小时，出口企业会以 x 货币计价。

通过该结果可以得多国多货币模型下的推论：

推论 1：异质产业的货币选择结果差异的原因与前面两国、两货币的模型结果基本一致，贸易货币选择受到生产要素产出弹性、产品需求价格弹性的差异影响。当 $\mu(\varphi-1)$ 大的时候，也就是当要素的产出弹性基本一致但产品需求弹性越大时，或者产品需求价格弹性基本一致但要素产出弹性越小时，又或者要素的产出弹性小且产品需求价格弹性都相对大时，出口商则更可能选择其他国家货币贸易，有可能是进口国货币（LCP），也有可能是第三国货币（VCP），其选择结果主要会跟从其他大部分出口商的货币选择。原因是需求价格弹性的情况下，企业担心需求变化带来的风险，如果出口商选择与其他竞争者不同的货币，则很有可能大大减少其出口量，失去市场份额，而 VCP 则会因为网络外部性选择习惯性的世界货币，比如美元。相反，当 $\mu(\varphi-1)$ 足够小的时候，$Var(S_1)=0$，出口商倾向用本国货币计价（PCP）。即：当要素的产出弹性接近但产品需求弹性较小，或者产品需求价格弹性接近但要素产出弹性较大，又或者要素的产出弹性大且产品需求价格弹性小时，贸易中出口国本币国际需求引致效果更强。因此，该结论可以应用在两个层面：一个是国家之间的贸易层面，单独看某产业产品的贸易计价货币选择；另一个就是异质产业的比较上，通过该结论判断不同产业贸易在本币国际需求引致上的差异。

推论 2：在多国模型中，还需要注意，由于各国都重视自己生产力发展，在学习和研发的作用下，他国技术进步、生产能力提高，原本差异性强的商品可能转变为同质性商品，其国际需求价格弹性、国际相对要素产出弹性都随时变化，随着出口国增多，竞争者增多，原本有选择本币计价优势的出口国的决策结果也会发生改变，并陷入更复杂的国际定价博弈。

推论 3：市场份额在多国模型中也有重要的影响，但多国多货币模型中的影响与两国两货币模型中的影响不同。在两国模型中，来自市场份额小的国家的出口企业只有在 $\mu(\varphi-1)<1$ 时才会选择以本国货币计价；而需求价

格弹性大的时候 $\mu(\varphi-1)<1$，企业就不会选择本国货币计价结算了，原因是对于所占市场份额很小的出口企业来说，定价是进口方主导，而进口国企业倾向选择自己的货币以规避汇率风险和兑换成本，此时出口企业也愿意接受进口国货币以防止需求减少的风险，比如订单流失、销售额下降。但是，在多国模型中，情况就会不同，因为结果受到多数出口商的共同决策的影响，厂商可能会认为如果自己放弃本币计价、选择用进口国货币或者他国货币计价，而其他厂商的决策不变，自己货币选择的妥协也未必能保证经营风险的不发生，所以不如选择本国货币降低眼前的汇率风险。因此我们可以得到与两国模型不同的结论：在多国、多货币模型下，如果所有厂商的市场份额都很小，需求价格弹性的影响力会降低，很有可能需求价格弹性大，但出口商依然倾向选择本国货币计价的方式出口；但若某国厂商的市场份额很大，分析结果则会靠近两国模型的推导结果。

四、引入政府行为的一般均衡模型

前面的模型是局部均衡模型，需要进一步拓展一般均衡模型，特别是在现实中对外贸易中货币选择还与政府行为等其他因素有很大关系。从一个局部均衡状态变为一般均衡状态时，汇率不再是外生的，而是内生的。本书主要引入货币供给量改变代表关于货币的政府行为，且该因素是影响汇率的重要因素，可以延续上面部分的研究继续拓展。

在局部研究基础上，引入货币供给问题，假设本国和外国的人均货币供给分别为 M_h 和 M_f，货币供给量会影响企业所面对的成本和需求，所以成本函数、需求函数在一般均衡分析中都会有所变化。

在下面建立的一般均衡模型中，假定两国货币供给的方差相等、实际消费受到货币供给变化而改变、产品需求也受实际收入变化和汇率变动影响、两国间的相对货币供给决定汇率。在一般均衡模型下，厂商追求 $EU_c\frac{\Pi}{P}$ 的最大化，其中，U_c 是消费的边际效用，P 是消费者价格指数。

为了研究方便，借鉴巴切塔和温库普（Bacchetta & Wincoop，2002）采用两国、三部门模型，即有两个国家，每个国家有两个可贸易部门（假定同为 A 部门和 B 部门）及一个非贸易部门（同为 C 部门）。纳入国家规模和市场规模因素，设定国家规模有差别，其中大国（货币国际化视角国）在 A 部门占主导地位，另一国（外国小国）在 B 部门有主导地位。设定小国 A 部门与 B 部门的厂商数量分别为 $N_A^f = 1$，$N_B^f = T$；大国 A 部门与 B 部门的厂商数量分别为 $N_A^h = T^2$，$N_B^h = 1$。两国非贸易部门的厂商数量总和占厂商总数的比值为 α_N。当 T 接近无穷大时，有市场主导地位。

与局部模型研究方法相同，最优货币选择定价策略依然取决于出口商的利润函数，但是需要重新获得需求函数和成本函数。

假定跨部门消费替代弹性为 1，且小于各部门内部商品替代弹性。

总体消费指数为：$c = c_A^{a_A} c_B^{a_B} c_N^{a_N}$；

其中，c_i 表示 i 部门所有厂商产量的消费替代弹性指数（CES），例如 c_A 表示 A 部门的 CES，a_A 为 A 部门厂商占全部厂商数量的比例，同表示 B 和 N 部门。消费替代弹性为 μ。参考 B－W 研究，假定非贸易部门的消费份额 $a_N > 0.5$。

以出口国货币计价时，出口国 i 部门中 x 公司的所面临的国外需求函数可写为下式，其中，$N_f M_f$ 为外国货币总供给。

$$D_i^{E_f} = \frac{1}{N_h + N_f} \left(\frac{P_i^E(x)}{SP_{i_f}} \right)^{-\mu} \frac{N_f M_f}{P_{i_f}} \qquad (3-29)$$

以进口国货币计价时，出口国 i 部门中 x 公司的所面临的国外需求函数可写为：

$$D_i^{I_f} = \frac{1}{N_h + N_f} \left(\frac{P_i^I(x)}{P_{i_f}} \right)^{-\mu} \frac{N_f M_f}{P_{i_f}} \qquad (3-30)$$

其中，部门价格指数 P_{i_f} 为：

$$P_{i_f} = \left[(1 - n_i)(P_{i_f}^H)^{1-\mu} + n_i f_i \left(\frac{P_i^E}{S} \right)^{1-\mu} + n_i (1 - f_i)(P_i^I)^{1-\mu} \right]^{1/-\mu}$$

$$(3-31)$$

其中，n_i 是 i 部门的厂商占国内厂商的比重，$P_{i_f}^H$ 是出口商国内所销售产品的国外价格。

需求函数和部分价格指数与部分均衡模型中相同，但在部分均衡模型中进口国对该行业商品进口支出 d^* 在一般均衡模型中变为 $\dfrac{N_f M_f}{P_{i_f}}$，也就是其进口消费受到货币供给量的影响。

汇率把货币供给与企业的货币选择联系在一起，均衡汇率又可由国内货币市场均衡条件得到，汇率与货币供给的关系如下式：

$$N_h M_h = \sum_i N_i \left[P_i^H D_i^H + f_i P_i^E D_{i_f}^E + (1 - f_i) S P_i^I D_{i_f}^I \right] \quad (3-32)$$

并可以推出，当厂商数量 T 足够多（接近无穷大）时，汇率则为货币供给之比，即：$S = \dfrac{M_h}{M_f}$。

需求函数已论，下面讨论成本问题。在一般均衡中，成本函数的方程形式与局部均衡模型保持一致。i 部门的贸易厂商 x 生产函数为：$L_i(x)^{\frac{1}{\varphi}}$ $K_i(x)^{1-\frac{1}{\varphi}}$，其中 $L_i(x)$ 为劳动投入，$K_i(x)$ 为资本投入，资本投入与均衡决定过程中的销售水平是成比例的。与前面局部均衡模型的差别是，劳动力价格（工资水平）成为随机的，劳动力价格是劳动力市场供需均衡决定。当我们允许弹性工资率时，它是由劳动力市场的均衡决定的，受到劳动力消费与休闲的效用函数影响，其条件是 $\dfrac{W}{P} = \dfrac{U_l}{U_c}$，其中 U_l 为休闲的效用，U_c 为消费的效用；消费 $c = \dfrac{M}{P}$，消费者价格指数为 $P = P_A^{a_A} P_B^{a_B} P_N^{a_N}$。

劳动力供给：$L = N(1-l)$ （3-33）

劳动力需求：

$$L = \sum_i N_i \left[(K_i^H)^{1-\varphi} (D_i^H)^{\varphi} + f_i (K_i^E)^{1-\varphi} (D_{i_f}^E)^{\varphi} + (1 - f_i) (K_i^I)^{1-\varphi} (D_{i_f}^I)^{\varphi} \right]$$

$$(3-34)$$

上标 H 表示的是在本国市场销售的厂商。根据上面劳动总需求函数（3-33）及总供给函数（3-34）可得均衡工资水平。下面分为两种情况讨论，一是刚性工资情况，二是弹性工资情况。

1. 刚性工资情况

假定 M_h 和 M_f 具有相同方差 σ^2，然后考察当 $\sigma^2 = 0$ 时，$E\dfrac{U_c}{P}(\Pi^E - \Pi^I)$ 对于 σ^2 的导数。仍然应用引理［方程（3-7）］进行推导，当名义工资已经事先确定时，可以得到为了控制风险，厂商会按下面结论采取货币选择策略：

条件1：当 $(\mu-1)(\varphi-1) < 1$ 时，出口商以本国货币计价（PCP）。

条件2：当 $(\mu-1)(\varphi-1) > 1$ 且出口国的市场份额可以忽略不计时，出口商会选择进口商所在国货币计价（LCP）。

条件3：当 $(\mu-1)(\varphi-1) > 1$ 且出口国在市场上占据主导地位时，至少存在两种纳什均衡：一是所有的出口商选择 PCP 计价；二是所有的厂商选择 LCP 计价。如果厂商可以合作的，在厌恶风险背景下出口商会尽量实现本国货币计价。

一般模型与局部均衡模型的结论相似的结论是：厂商的市场份额、贸易商品的需求价格弹性、要素的产出弹性仍然是贸易货币决定的重要因素。唯一的区别是局部模型结论中要比较的值是 $\mu(\varphi-1)$，而一般均衡模型中要比较 $(\mu-1)(\varphi-1)$。但是，与局部均衡模型相比，出口货币计价的参数范围扩大了，这是因为 PCP 定价带来的需求波动风险受到货币供给变化的抵消。比如当 PCP 情况下，如果外国货币供给减少，会带来本币相对贬值，出口国货币贬值又会促进产品的国际市场需求，但是需求的增加可能又会因为外国货币减少抵消部分，因此需求波动风险变小了。

2. 弹性工资情况

弹性工资情况会反映大国和小国之间的不对称，因为工资水平与消费物价指数成正比，消费物价指数又与汇率波动有关，经验事实中采用弹性汇率制的小国的汇率波动性一般会比大国的汇率波动性大。所以，小国的出口企业更有可能以进口商的货币定价。

大国条件下，实际工资的变动程度会导致计价货币选择方面的不同结果。当工资可变时，结果会发生显著的变化，此时效用函数为 $U(c, l) = \dfrac{c^{1-\gamma}}{1-\gamma} +$

αl。与刚性工资时的 $U(c, l) = \dfrac{(c + \alpha l)^{1-\gamma}}{1-\gamma}$ 不一样。对于一个大国来说，实际工资率与 M^{γ} 成正比，γ 是衡量实际工资顺周期程度的一个指标。

当企业以出口商的货币定价时，工资和需求之间的正相关增加了预期成本，降低了预期利润。货币供给的增加会带来工资水平的上涨，同时也可能导致货币的相对贬值，而货币贬值又会促进市场需求扩大，对于出口厂商而言工资和市场需求上涨会引起预期成本增加，预期利润减少。所以，参数 γ 发挥了双重作用。

应用引理，与前面同样的方法可以推导出弹性工资下的出口商贸易货币选择结果条件：

条件1：当 $(\mu-1)(\varphi-1) < 1-\gamma$ 时，出口商选择出口商本国货币计价（PCP）。

条件2：当 $(\mu-1)(\varphi-1) < \gamma-1$，出口商选择进口商所在国货币计价（LCP）。

条件3：当 $(\mu-1)(\varphi-1) > 1-\gamma$ 与 $\gamma-1$ 时，具有主导地位部门的企业选择 PCP 计价；非主导地位部门的企业以 LCP 计价。

可以发现在弹性工资下，贸易货币选择仍然主要取决于贸易商品的需求价格弹性、要素的产出弹性与厂商的市场份额，除此之外也与实际工资的顺周期程度有关。其中，与前面模型结论一致的是贸易商品的需求价格弹性越小、要素产出弹性越大、出口份额越大越可能以出口国货币计价结算。

综上所述，经济主体选择贸易计价货币是追求利益最大化的自发过程，经济主体对货币的集聚选择会影响到该货币的国际需求的产生与发展。

本小节通过从局部均衡和一般均衡分析，从两国模型拓展到多国模型，充分考虑市场竞争性不同，不但立足贸易企业利益最大化，并以货币供给为代表考虑政府行为的影响，从各种不同的情形分别进行了推导和总结，对贸易货币的微观选择进行了深入探析，得出影响国际货币贸易需求在微观方面受到市场竞争性、企业的市场份额及交易产品的要素密集性、主要生产要素的产出弹性、产品的需求价格弹性等有关产业异质特点影响，宏观方面又与出口国经济规模、出口国货币供给变化率与进口国货币供给变化率等相关。关于这些因素的具体影响，前文已作了每个模型下的详细说明，故不赘述。

本章不但为本书提供了系统的科学的理论机制，上述结论也为后文的实证提供了比较充分和对应的逻辑证据。通过本节微观模型推理，主要得到结论如表 3 - 1 所示。

表 3 - 1　　　　微观主体在对外贸易中的货币选择模型主要推论

项目	货币选择条件	模型主要结论
垄断市场	PCP 条件：$\mu(\varphi-1)<1$	1. 出口商品的需求价格弹性越小，越有可能以出口国货币计价，反之则进口国货币计价可能性大
	LCP 条件：$\mu(\varphi-1)>1$	
竞争市场	PCP 条件：$\mu(\varphi-1)<1$	2. 出口商品的主要生产要素产出弹性越大，越有可能以出口国货币计价，反之则进口国货币计价可能性大
	LCP 或 VCP 条件：或第三国货币计价：$\mu(\varphi-1)>1$ 时，且 $n<\bar{n}$	3. 出口商所占市场份额越大，市场地位越高，越有可能以出口国货币计价，反之则进口国货币计价可能性大
	不确定结果的条件：$\mu(\varphi-1)>1$，且 $n>\bar{n}$，结果取决于博弈	4. 市场竞争程度影响货币决定，当市场竞争激烈时，出口商会考虑其他出口商的货币选择决定，而进行博弈
一般均衡模型	PCP 条件：$(\mu-1)(\varphi-1)<1$ 或者 $(\mu-1)(\varphi-1)<1-\gamma$	5. 异质产业贸易中货币选择有差异，可推理论上技术密集型产业、资本密集型产业出口的本币国际需求引致效应会大于劳动密集型产业
	LCP 或 VCP 条件：当 $(\mu-1)(\varphi-1)>1$，出口所占市场份额小或者当 $(\mu-1)(\varphi-1)>1$	6. 在多国、多货币模型下，如果所有厂商的市场份额都很小，需求价格弹性的影响力会降低，很有可能需求价格弹性大，但出口商依然倾向选择本国货币计价的方式出口；但若某国厂商的市场份额很大，分析结果则会靠近两国模型的推导结果
	不确定结果的条件：$(\mu-1)(\varphi-1)>1$ 或者 $(\mu-1)(\varphi-1)>1-\gamma$ 与 $\gamma-1$ 时，两种可能结果取决于市场主导地位	

注：PCP 代表出口国货币计价，LCP 代表进口国货币计价，VCP 代表第三国货币计价。其他符号表示意义在前文已经说明。

第二节　对外贸易的货币国际需求乘数效应产生

第一小节从微观层次出发分析了对外贸易中的货币决定，深入分析货币的国际需求在对外贸易中的产生与影响因素。但是货币国际需求产生于贸易，却不止于贸易。贸易产生的货币需求会进一步激发其他领域的需求，让货币国际化特征在贸易、投资、储备等几大职能上全面出现。因此，本书认为对外贸易对货币国际需求的引致具有一定的乘数效应（见图 3 - 1），该"乘数效应"是指当其他条件不变时，贸易路径产生的货币国际需求促进其他职能下的货币需求，使需求增加规模最终是贸易中需求增长的数倍。货币国际化背景下修正的 IS-LM-BP 模型通过开放经济下的一般模型，基于货币供需、商品市场及国际收支的互动关系，分析贸易规模对货币国际需求在不同条件下、货币国际化不同阶段的影响。而网络外部性、贸易促本币离岸市场发展等原因可以补充对已经获得一定世界货币地位的货币需求持续产生或者"集聚效应"进行解释，而这种开放经济下的需求产生以及货币选择的集聚效应可以较好地解释贸易对货币国际需求引致乘数的过程及原因。

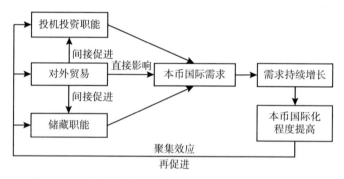

图 3 - 1   对外贸易的货币国际需求乘数效应的动态逻辑

一、乘数效应产生：基于 IS-LM-BP 模型的修正分析

（一）货币国际化背景下的模型修正

此部分基于货币需求理论、国际资本流动理论、汇率及利率相关理论，在人民币国际化的背景下对 IS-LM-BP 理论进行拓展和应用分析，在宏观经济框架中解释对外贸易对货币国际需求产生乘数的作用机制。

蒙代尔 - 弗莱明模型（IS-LM-BP 模型）是诺贝尔经济学奖获得者蒙代尔

在 20 世纪 60 年代在 IS-LM 模型基础上提出的新开放经济宏观经济学模型。该模型是在 IS-LM 的基础上建立的，IS-LM 模型中，LM、IS 曲线分别是货币市场和商品市场达到均衡时产出与利率的关系。IS-LM-BP 模型将资本流动纳入凯恩斯的 IS-LM 框架，描述了开放经济下达到商品市场、货币市场和国际收支三种均衡的条件以及当外生变量发生变动对三种均衡所产生的影响。该模型中增加了 BP 曲线，即国际收支均衡曲线。在国民收入提高时，收入增加会带来的消费增加，其中对国外消费的增加形成了进口的扩大，在出口没有发生改变的条件下，出现经常项目逆差，此时国际收支平衡需要资本流入形成资本与金融账户顺差，资本流入的同时利率上升，所以 BP 曲线表现了国民收入与利率正向变动的关系，但是浮动汇率与固定汇率、资本完全流动与完全不流动等不同情况下的 BP 的曲线斜率和影响不同。

由于传统的 IS-LM-BP 模型的假设限制，使该模型在应用时可能需要一定的修正或拓展。我国学者就在各自的研究中对该模型进行过适合中国情况或者特定研究目的的修正。一类是加入研究者认为在开放经济中必须考虑的重要因素。例如，陈湛匀（2003）引入进口关税变量对 IS-LM-BP 进行改进，分析了保持国际收支均衡的有效政策选择。孟雪（2010）将经济开放度加入模型，研究经济开放度和我国货币政策的有效性。杨佳琪、叶永刚等（2013）采用金融工程的方法在模型中引入风险因素，重点研究了 BP 曲线在风险因素下所产生的变化。另一类是对特殊背景或者针对分析对象的扩展。黄亦君（2003）的扩展是为了解释 FDI 增加对国际收支、产品市场和货币市场的冲击过程。赵志君、李睿（2016）认为传统的模型不适用于分析人民币汇率和国际收支失衡的现象，基于两国扩展模型发现汇率、利率和收入间存在非线性关系能为国际收支和汇率的长期失衡提供一种理论解释。此外，也有部分学者是在中国经济政策效果研究中认为中国情形下的模型应用中主要曲线有特定的斜率倾向，如苏平贵（2003）、孟杨（2007）等。

但是，在人民币国际化特殊背景下拓展应用 IS-LM-BP 模型的论文很少，比较有代表性的是邓海清、方岑（2015），该研究提出了传统的 IS-LM-BP 框架不适用于人民币国际化、资本流动加速的情形，应该在传统模型上考虑人民币国际化程度、资本自由流动及资产价格泡沫等因素，由此对模型进行修正分析本币国际化背景下的经济政策搭配。本书在邓海清、方岑（2015）研究的基础上对 IS-LM-BP 模型进行货币国际化背景下的修正，并建立两国模型进行拓展应用。

本书对于传统 IS-LM-BP 的修正主要考虑了四个因素：其一，货币国际化过程中，资本流动性增强，资本对利率的敏感系数提高，影响 LM 的斜率。其二，国际货币的问题中，资本流动需考虑离岸市场。在传统模型中，资本流动方面主要考虑本国与境外金融市场间的资本跨境流入、流出，对离岸金融市场资本流动考虑较少。但是对于国际化过程中的货币，由于必然伴随离岸金融市场的快速发展，资本流动的范围和速度发生变化，从而导致传统 IS-LM-BP 模型的分析不适用。其三，货币需求凸显全球化特征，货币需求弹性需要考虑货币的国际需求。在经典 IS-LM-BP 框架下，资本的跨境流动主要通过本国结售汇影响本币货币供给，但如果货币国际化下本国政府可以不对商业银行进行结售汇，则 BP 曲线的变动就不一定影响本国货币供应。并且本币国际化后，海外本币流量大幅增加，外资可以随时充当本币供给者和需求者。所以，本币国际化的过程中的货币需求弹性应当是变化的，并且会随着国际社会货币需求的变动而改变。其四，经济全球化和货币国际化是关联的，在这个过程中，全球商品价格联动性增强（本国物价水平和全球物价水平相关性提高），商品期货存在下的套期保值会使得全球的物价水平更加接近，这一点会影响 IS 的斜率。

1. IS 的修正

根据传统模型，在开放经济条件下，收入恒等式、将消费函数、投资函数、净出口函数分别为：

$$Y = C + I + G + NX$$

$$C = C_0 + \beta Y$$

$$I = I_0 - di$$

$$NX = NX_0 - ry + n\frac{EP_f}{P}$$

将消费函数、投资函数、净出口函数代入收入恒等式，整理得到：

$$i = \frac{1}{d}\left(C_0 + I_0 + G + NX_0 - \beta + n\frac{EP_f}{P}\right) - \frac{(1-\beta+r)}{d}y \qquad (3-35)$$

其中，β 为边际消费倾向，r 为边际进口倾向，n 为出口对价格的敏感程度，d 为投资需求对利率变动的反映程度。

净出口函数主要考虑了收入和汇率的影响。当实际收入提高时，进口增加，净出口 NX 减少。实际汇率上升，本币贬值，出口增加进口减少，NX 增加。同时需注意，该理论应用没有考虑产品的特征，汇率未必会影响贸易收支。根据"马歇尔-勒纳"条件，一国出口商品和进口商品的需求价格弹性之和大于 1 时，贸易收支才会因为本币贬值而改善。进出口产业结构、产品特征等问题已经在上一小节有所论证，在本部分模型应用时，假定已经满足该条件。

对于 IS 的修正主要考虑世界经济一体化加深时商品市场中全球可贸易品占比不断提高，全球价格联动性增强。如果其他国家对一国商品和服务的需求增长越多，越有可能造成该国通胀，名义利率也会越高。因此，修正 IS 是加入外部需求变化率 g，g 大于 0 时，表示需求增长，g 越大表示外部市场的需求增长越多，反之，g 小于 0 表示需求下降。货币国际化下的 IS 修正为：

$$i = \frac{1}{d(1+g)}\left(C_0 + I_0 + G + NX_0 - \beta + n\frac{EP_f}{P}\right) - \frac{(1-\beta+r)}{d(1+g)}y \qquad (3-36)$$

从上可得，在修正的 IS 中，其他国家需求上升越快，IS 曲线越平坦。

2. LM 曲线的修正

在 IS-LM-BP 模型中，LM 曲线的原始方程为 $\frac{M_0}{P} = kY + hi$，即：$i = \frac{M_0}{hP} + \frac{kY}{h}$。下面进行货币国际化背景下的修正。

首先，考虑国际化需求，根据货币国际化理论，其国际需求与发行国的经济增长及利率均有密切关系，故在原本的 LM 中引入两个关于国际化的变量 τ_1 与 τ_2，分别作为国际市场对该货币的需求对 Y 和 i 的弹性。随着货币发行国经济增长和资本项目的开放，τ_1 与 τ_2 的数值会变大。

其次，从历史经验看，随着一国货币国际化程度加深，对其货币的国际需求，资本市场开放对货币国际需求的拉动力量会大于经济总量增长的拉动力量，也就是 τ_2 大于 τ_1。假设 Y 不变，在资本市场开放度提高，τ_2 提高，LM 曲线会趋于平坦。也就是货币国际需求对经济总量和利率的弹性影响 LM 斜率，尤其当随着货币国际化程度变高时，资本市场开放拉动需求力量增大使 LM 斜率更加平坦。

并且，在货币国际化时，离岸金融市场将成为本币的供给者之一，其作用会随着货币国际化程度加强。假设货币供给弹性为 ω，当 $\omega > \tau_2$ 时本币供大于求，本币贬值、利率下降。

根据上述两点，本书修正货币国际化下的 LM 为：

$$i = -\frac{M_S - h}{(h + \tau_2 - \omega)} + \frac{k + \tau_1}{(h + \tau_2 - \omega)}Y \qquad (3-37)$$

海外货币供给和货币需求弹性增加都使 LM 曲线平坦。本币国际化时，资本的利率弹性会增大，本国以某一个特定利率可以获得的资金量更大。

3. BP 曲线修正

BP 曲线是国际收支平衡线，国际收支主要包括经常性项目、资本与金融项目。国际收支差额 BP 主要包括经常项目中的贸易差额以及金融项目中的净资本流出额。当进出口产品结构和竞争力稳定时，影响净出口额的主要因素是本币对外币的实际汇率。

因此，BP 曲线由下式推导得到：

$$贸易差额（NX）= NX_0 - \alpha y + n\frac{EP_f}{P}$$

$$资本与金融账户差额（F）= \delta(i_w - i)$$

$$国际收支平衡条件（BP）= NX - F = 0$$

其中，$F = \delta(i_w - i)$ 表示各国间的资本流动取决于利率差异，如果国内利率水平高于世界利率水平，则资本流入国内，净资本流出减少；如果国内利率水平地域世界利率水平，则资本会从本国流往国外，净资本流出增加。$(i_w - i)$ 是本国和世界的利率差，δ 是大于零的常数。可推出 BP 曲线：$i = \frac{\alpha}{\delta}y +$

$$\left(i_w - \frac{n}{\delta}\frac{EP_f}{P} - \frac{NX_0}{\delta}\right)。$$

在货币国际化过程中，δ 是动态变化的，资本与金融账户越开放自由，δ 越大，BP 曲线就越趋于平缓。资本完全自由流动时，BP 为一条位于国外利率水平 i_w 的水平线，此时 δ 为无穷大，BP 曲线方程为 $i = i_w$。资本不完全流动时，BP 斜率为正，随着本币贬值，BP 向右移动。

另外需要注意的是，NX_0 原始贸易差额，是假设国际分工和产品竞争力不变时的值，但长期中，该值会随着一国的产业发展、国际分工重塑发生变化。在货币国际化的长期过程中，尤其是适合人民币的模型应用考虑，对于发展中国家或者新兴国家货币地位的显著提升，通常伴随着该国的生产力发展与贸易进步，因此基于研究目的的，BP 修正主要考虑出口受到本国收入影响这一因素，即经济增长会使本国生产技术水平提高，生产力和生产技术的提高单位产品生产成本下降，从而导致本国出口商品价格下跌，本国出口增加。这一因素考虑对于中国这样的处于货币国际化进程的发展中国家是必要的，所以在原本的方程基础上修正：$NX = NX_0 + py - \alpha y + n\frac{EP_f}{P}$，其中 p 定义为边际出口倾向，表达的是国民收入增加通过储蓄、投资等增加促进生产力的提高，拉动的出口增加比率。

则得到修正 BP 则为：

$$i = \frac{\alpha - p}{\delta}y + \left(i_w - \frac{n}{\delta}\frac{EP_f}{P} - \frac{NX_0}{\delta}\right) \tag{3-38}$$

根据蒙代尔－弗莱明理论，上述三个条件共同决定产出 y、利率 i 和汇率 e 的均衡水平。

所以，如果全球需求缺乏，IS 会更加陡峭；而全球需求增长，IS 更加平缓。随着货币国际化水平提高，LM 和 BP 都会逐渐平缓，原因有二：一是因为资本项目开放导致货币的利率弹性增大，LM 趋于平缓；二是金融市场开放、离岸市场发展，且本国企业融资范围国际化下，在岸市场的利率波动会降低，所以本国企业国际经济活动对本国利率的影响减弱，BP 曲线斜率也降低，更加平缓。

（二）基于修正模型的乘数效应机制分析

对于货币国际化进程的国家，当其对外贸易发生变化，货币发行国与外部国家之间的货币市场、国际收支等宏观经济会相互影响，其创造的货币国际需求也会在这个动态中反映在各个方面。

货币国际化研究中的蒙代尔 – 弗莱明模型应用，是考虑外部需求的研究，所以下文通过两国模型分析，假定世界上有两个国家。并且 IS-LM-BP 模型在对大国经济和小国经济的应用分析上有差别，主要不同为本国经济变化是否对他国经济因素和政策产生影响上，比如大国经济中财政变化会对世界利率产生影响，IS 右移会让本国和外国利率都上升，但小国的变化则几乎不会对世界利率产生影响。在货币国际化的问题研究中，具有货币国际化可能的是经济大国（历史与现实均表明），因此关于 IS-LM-BP 的应用也需置于大国经济的假定下。

模型中提出开放经济各国之间经济会相互影响，一国发生经济冲击会产生"溢出效应"和"回波效应"。此外，根据该理论，各国间影响程度有差异，主要取决于国家经济的大小、国家的开放程度及边际进口倾向等。一般条件下，经济大国对外部的影响大，经济小国的影响小；开放度高的国家对外部国家的影响大，开放度低的国家队他国的影响小；边际进口倾向大的对他国经济影响大，边际进口倾向小的对他国经济影响小。

该模型认为当一国经济发生冲击时，主要通过三种传导机制向另一国传递（姜波克，2018）：

第一，收入机制。一国国民收入变动会使该国进口根据边际进口倾向发生变动，贸易关系中，贸易对象国的出口就发生了变动，这一变动将通过乘数效应带来贸易国国民收入变动，而贸易对象国收入的变动又会带来其进口的变化，如此相互传导下去。并且，边际进口倾向越高，另一国的出口乘数越大，传导的效果就越明显。假设世界中仅有 A、B 两国，"溢出效应"就是 A 国收入增加的经济冲击影响到 B 国，从而增加 B 国的国民收入。"回波效应"则是 B 国国民收入增加后，又反过来影响 A 国，增加对 A 国产品的进口。在经济全球化加深、可贸易部门不断扩大的阶段，这一影响机制更凸显。

第二，利率机制。在传统的货币需求和供给模型中，利率的影响通常认为是负影响。但是在以货币国际需求作为研究对象时，利率的传导作用主要是国际市场中的利率差造成国际资本流动，进而作用货币国际需求变化。资本流动又引起外汇储备、汇率变动和利率调整。因为资本流动需要国际货币的职能满足，所以对于国际化货币来说，其供需和相关因素的变动更大。

第三，相对价格机制。相对价格机制包括两方面：一是汇率不变，但国内价格水平发生变化；二是本国名义汇率变化。这两种变化都会引起实际汇率变动，实际汇率的变动会从价格层面影响两国贸易竞争力的变化，进而对两国经济产生冲击。此外，货币国际化的国家会加大资本开放度和利率市场化、汇率市场化程度，极端情况是在资金完全流动和利率市场化的情况下，国际资金流动会使各国利率趋于一致。

下面应用修正模型，结合国际货币需求理论，分析对外贸易对货币需求的一般影响过程，揭示对外贸易如何在宏观经济的动态框架下对国际化货币的国际需求持续产生影响出现"乘数效应"的。

根据模型，以出口增长、对外贸顺差，IS 向右移动；而对外贸易逆差，IS 会向左移动。下面以 IS 右移为例说明出口扩大的作用，过程如图 3-2 所示。

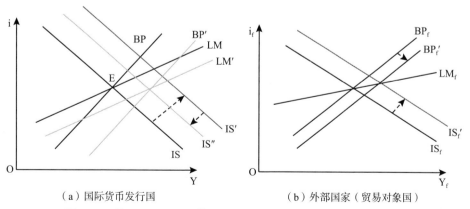

（a）国际货币发行国　　　　　　（b）外部国家（贸易对象国）

图 3-2　修正 IS-LM-BP 模型分析贸易增长的国际化本币需求影响

首先 IS 右移,一方面,造成国民收入 Y 上升,在收入效应的作用下本国进口增长。相对应的,贸易对象国出口增长,它的 IS 也向右移动,但是幅度没有本国的大。另一方面,随着 IS 右移,本国利率上升。但需要注意的是,虽然收入效应使外国的 IS 也右移动,外国利率水平也提高,但提高幅度较小,所以本国的利率还是超过国际利率水平。

利率传导机制中,当利率相对高时,国外资本会流入本国,资本账户顺差,在外汇市场上,形成对本国货币的需求,本国货币有升值的压力。如果是有管理的汇率制度下,政府或者央行会买外汇,增加本币的国际市场供给以维持汇率的相对稳定,于是 LM 右移动,随着汇率自由化提高,政府干预越少,LM 右移的程度也就越小。LM 若右移,又会带来国民收入 Y 的继续增长,进而又引起本国进口扩大、外国出口增长,外国的收入增加又对本国进口增加,这样的"溢出"和"回波"效应继续下去,但在一个冲击内不会无限继续,因为受到各个国家边际进口倾向的约束。浮动汇率制下,LM 不会因为汇率干预而移动,汇率因为外部市场的需求增加而升值,汇率市场化程度越高,此情形下升值越多,汇率变动使相对价格机制发生作用,本国出口产品竞争力减弱,本国出口下降,IS 若再次向左移动,并且均衡利率下降,理论上回到两国利率水平相等的位置。

可以发现,在这个过程中,货币需求的产生在职能上是全面的,因为贸易增长带来 IS 曲线的移动,而 IS 曲线的移动会影响国民收入、利率、汇率、本国货币供给等因素的调整,也对他国经济产生影响,他国经济的变化又对本国有所"回波"。

在该过程中,出口扩大,贸易渠道从交易职能上引起了货币国际需求;当本国收入增长时,进口增加,货币化国际得到在进口贸易中创造本币输出的机会;利率上升时,资本流动需求的诱发带来货币在投融资职能需求;汇率变化,本币升值时,会促进本币对外投资的货币输出,且在保值升值的预期下成为投机需求的对象以及吸引外部对该货币的储藏需求,因为对于国际货币发行国以外的国家,对外贸易影响货币的另一面是中央银行储备的变化,净出口为正时,货币和(国际货币)外汇储备将上升,净出口为负时,货币和(国际货币)外汇储备下降。图 3 - 3 对上述过程和传导机制进行了描绘总结。

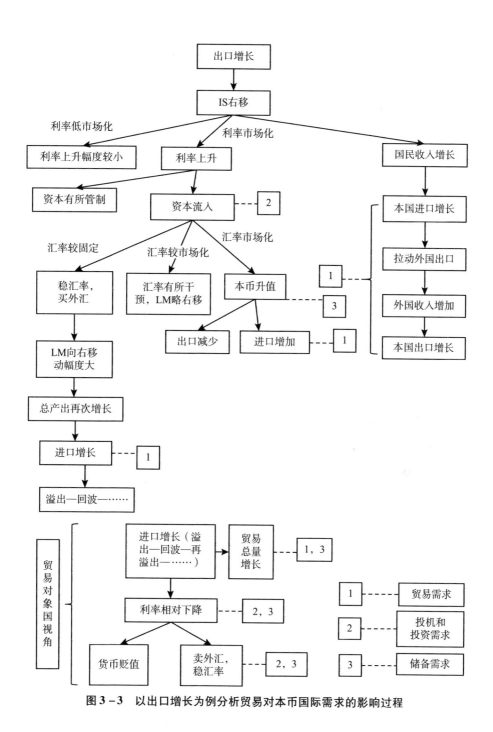

图 3 – 3 以出口增长为例分析贸易对本币国际需求的影响过程

同理也可以分析当一国进口增加时，IS 曲线左移，利率下降，对于具有一定国际化地位的货币会有货币流出，增加离岸市场上的该货币供给。同时货币贬值，又促进出口增加，在未来促进本币贸易结算中使用。并且，对于国际化的货币，在有长期较为稳定的预期之下，暂时性的贬值会刺激投机需求下的持有。

（三）人民币的适用分析

上述分析了对外贸易创造货币国际需求乘数的一般机理。根据货币国际化的概念，货币国际化具有典型的动态性、阶段性属性，对于这个问题，修正的模型的建立可以更好地被应用在不同阶段的分析说明中，其主要体现在于修正的模型可以较为科学地说明不同阶段下各个曲线的斜率特征。

如综述部分所述，不少国内外学者都对货币国际化的阶段进行了说明，本书参考陈雨露（2013）、张萌（2015）等研究将货币国际化划分为贸易货币、投资货币、储备货币三个阶段，说明在不同阶段上述分析过程中的区别点，并说明人民币国际化的现阶段分析特点。

第一阶段为贸易货币阶段。货币国际化需求源于国际贸易交易活动。一国在商品或者服务生产中具有比较优势，进而获得国际分工地位，成为出口国，而其他国家成为进口国。为了规避国际交易中的汇率风险出口国倾向于使用本国货币计价和结算。为了实现贸易，进口国就会产生对出口国货币的需求。随着出口国贸易顺差规模的不断扩大，其他进口国对出口国货币的需求规模也不断增长。于是出口国货币在国际贸易中初步形成国际化特征，这一阶段，货币国际化主要依赖于货币发行国的贸易优势，货币的国际化职能也主要体现在贸易领域，所以这个阶段成为贸易货币阶段。在贸易货币阶段，国际货币的兑换与跨境流通主要存在于商品与服务的贸易环节，其投资和保值功能不明显，此时，为了满足货币的交易需求，货币发行国需要开放的是国际收支中的经常项目账户，而对于资本与金融账户的开放没有迫切需求。此外，由于该阶段该货币还没有开始发挥国际价值储藏职能，所以发行国在维持币值稳定和汇率制度的选择上没有过多压力，可以根据本国经济需求较为自由地选择汇率制度。

第二阶段为投资货币阶段。随着贸易货币的国际流通范围扩张和规模增加，在外部市场的官方和私人部门持有这种货币的时间延长过程中，派生出使用该货币投资的需求。投资需求要求货币发行国保持币值稳定、该国的资本与金融项目下该货币兑换和流动自由，也要求该货币发行国国内和离岸金融市场可以提供配套的金融服务，以满足投资需求的货币职能发挥。因此，这一阶段，这种货币在国际商品、服务、金融资产交易中不仅发挥计价单位和交易媒介职能，也通过货币替代发挥价值储藏职能。在投资货币阶段，发行国的贸易优势将延续，国际收支经常项目顺差的持续累积使投资货币存在升值压力。

第三阶段为储备货币阶段。当具有一定国际需求的货币在国际范围内被广泛接受后，各国货币当局为了国际支付、干预外汇市场、平衡国际收支以及防范国际金融危机等目的将该货币纳入储备资产选择。这个阶段就是该货币的储备货币阶段，这种货币不但在国际范围内发挥交易媒介与投资职能，还发挥价值储藏职能。该阶段的进阶是当该国货币在全球货币体系中占主导地位时，该货币发行国在世界政治、经济、军事、科技等各个方面影响力全面提升，这种货币具有货币锚特征，处于国际货币体系的核心地位。在储备货币阶段，发行国可能依然具有贸易优势，但其价值储藏职能更加显著，其他国家为了发展国际贸易、保持清偿力，会通过创造国际收支顺差累积这种货币及相关资产。此时，这种货币的国际收支账户全面要求开放与自由。外部市场在要求该货币价值稳定的同时，也需要其汇率高度市场化。

在蒙代尔－弗莱明模型的应用中，分为固定汇率制、浮动汇率制下资本完全不流动、资本不完全流动、资本完全流动等多种情况。但是其中许多情况不适用于货币国际化背景，比如完全固定汇率制或者资本完全不流动的货币发行国的货币是难以具有国际化可能的。根据上述特点，以及货币国际化背景下修正的 IS-LM-BP 模型，可得表 3－2。

表 3 – 2　　　　　　　　货币国际化阶段和 IS-LM-BP 特征

阶段	初期	中期	后期
职能特征	贸易货币阶段	投资货币阶段	储备货币阶段
汇率市场化程度	自由化程度低	一定程度的干预	自由
资本跨境流动自由度	管制较严	一定程度的管制	自由
BP 斜率可能性	斜率大，可能比 LM 陡峭	中间	斜率小（趋于平坦）
LM 斜率可能性	斜率大（利率市场化低除外）	中间	斜率小（趋于平坦）
IS 斜率可能性	贸易开放，世界需求大，则平缓；世界需求缺乏，则陡峭		

随着货币国际化，特别是人民币国际化的案例中，三个阶段的条件特征改变主要会在汇率制度、资本账户下的开放程度（资本流动自由度）上。此外，根据修正的 IS-LM-BP 模型，可以得到三条曲线斜率在时间维度上的比较。

对于 IS-LM-BP 的修正模型和结果前面已经详细说明，关于汇率制度和资本管制程度的区别主要在于：

其一，汇率是否自由决定政府是否在外汇市场上进行干预以及货币政策的选择。在模型中，其主要区别在对于有资本流动时，由于市场对货币需求发生改变，进而影响汇率。比如资本流入，本币面对升值压力，在有管理的汇率制度下，国家会抛出外币吸收本币干预，LM 向左移动，越自由（干预越少），往左移动越少，极端形式是固定汇率制度让 LM 彻底回到原来的位置。浮动汇率制下，汇率不再是政策变量，它将内生地按照供求力量发生移动，因此完全浮动汇率制度下，LM 不变化，而是汇率变化，而汇率发生变化，又会再次通过价格机制对进出口产生影响。

其二，资本是否管制决定 BP 曲线的情况，也决定利率变动的影响。随着货币国际化程度提高，资本的流动性会增强，在初级阶段（资本一定管制下），本国利率和外国利率可以不等，家庭也无法迅速将外国资产转换为本国货币，央行也不会为此目的的买卖外汇储备。资本控制的国家，主要是对资本与金融账户进行控制，本国经济主体取得国外贷款也有障碍。LM 曲线仍然是内生的，比在资本自由流动下移动缓慢，货币扩张不会立即恢复，所以造成贸易差额的改变，贸易差额反过来又使货币供给变化，使 LM 曲线内生移动。但在货币国际化的高级阶段，资本账户开放自由度高，利率的变化则会带来资本的大量流动，比如货币发行国利率高于世界市场利率时，则会大量资本流入，且对该货币产生大量的投机与投资需求。

在货币国际化进程中，资本项下的资本流入肯定是一定程度流动的，伴随国际化程度提高，资本流动性、金融开放程度也越强。货币国际化初期，汇率市场化程度不高，资本流动自由度不高（资本不完全流动），则表现为 BP 斜率大，也就是资本流动对国内外利差变化不够敏感，利差变动引起资本流动量较小，并且 LM 斜率大。中期和后期，资本相对更加流动，BP 正斜率，比 LM 线较为平缓，利差变化引起的资本流动量较大。同时，随着货币汇率市场化程度的不断提高，在同样冲击下，汇率变动幅度也因为政府是否干预和干预程度差异有所差异，当我国出口增加，IS 右移、利率上升过程时，对应汇率市场化在货币国际化的初期、中期和后期不断加深的条件，可以认为在货币供给不变时，货币升值程度随着货币国际化程度提高而幅度增大，这一变化需要在不同阶段的修正模型中应用。

通过不同阶段的 IS-LM-BP 近似图比较（见图 3－4），可以看到当曲线斜率不同时，当 IS 因为一国进出口冲击发生变化时，利率的变化程度是不一样的。在货币国际化初期，由于 IS 与 LM 斜率大，IS 变化带来的利率变化较大，与国际利率水平可能会有较大差异，但是此时可能由于资本市场开放程度较低，并不能在资本与金融账户上产生太大资本流动和现实货币国际需求，但是潜在需求是客观的。随着货币国际化加深，在高级阶段 IS、LM 与 BP 更加平坦，虽然 IS 的位置移动带来的利率水平变化可能不大，但是由于资本开放和汇率自由，较小的利率变动却可以带来大的资本国际流动，货币国际需求的变动率较大。

人民币国际化现在还处于初期阶段，在对外贸易对其国际需求增长的现阶段分析适用上面建立的初期阶段适用模型。目前，我国利率、汇率和资本流动的特点如下。

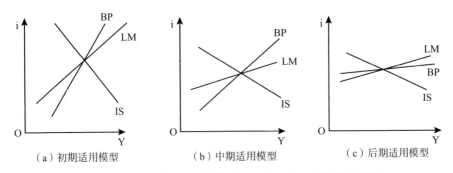

图 3-4　人民币国际化三阶段修正的 IS-LM-BP 模型近似图形

　　其一，利率市场化程度大幅提高。2000 年后，央行开始稳步扩大存贷款利率浮动区间。2012 年，存贷款利率浮动区间扩大。2013 年，金融机构贷款利率管制取消，完全实现了市场化，其水平可以由金融机构自主确定。同时，票据贴现利率也由金融机构自主定价。2015 年底存款利率浮动上限取消，标志着中国利率市场化进程在形式上基本完成。2019 年，中国人民银行发布公告决定改革完善贷款市场报价利率（LPR）形成机制，进一步加深利率市场化，提高利率传导效率。所以利率市场化程度目前已经大大提高，LM 曲线斜率比过去（利率市场化以前）更大，基本符合上面论述和近似图。

　　其二，汇率市场化程度不高。2005 年，央行确定了人民币有管理的浮动汇率制度。之后人民币汇率市场化逐步提高，尤其是在人民币国际化起步之后，2010 年以来，汇率日波幅由 0.5% 调整到 2%。2015 年，央行将银行间外汇市场做市商询价、取其报价加权平均得出中间价的方式改为参考银行间外汇市场前日收盘汇率，即形成“收盘汇率＋一篮子货币汇率变化”的人民币汇率中间价形成机制。2017 年，外汇市场自律机制组织各报价行在报价模型中增加“逆周期因子”，人民币中间价报价机制变为“收盘价＋一篮子货币汇率变化＋逆周期因子”。总体来说，汇率市场化程度有所提高，但央行对人民币汇率仍有较强的把控能力，原因是保持人民币汇率的相对稳定性对于我国目前的经济发展目标是必要的。后续人民币汇率形成机制的调整空间可能依然是在可掌控的前提下提高波动幅度和离岸人民币规模，促进人民币成为国际支付和跨境贸易结算的国际常态货币。

其三，资本市场开放程度不高，资本流动自由性不强。2000 年起，我国资本项目开放进程加快，资本项目管制逐步放松。对境内居民投资 B 股市场开放、"熊猫债券""点心债券"的出现、OFII 制度和 ODII 制度的建立等形成我国资本市场的基本开放。2009 年推行人民币跨境贸易结算之后，为了搭建人民币国际输出和回流的框架，中国资本项目开放程度加深，目前短期跨境资本已经有渠道曲线进出境内金融市场，只是规模依然是有限的。目前，资本账户管制中依然存在不可兑换项目和部分可兑换项目，不可兑换主要有两大项，集中于非居民参与国内货币市场和衍生工具的出售和发行；部分可兑换的项目主要集中在债券市场交易、股票市场交易、房地产交易和个人资本交易等方面。

总体来说，也就是对于我国现阶段，我国利率的价格机制作用有限和资本账户管制，且汇率日波动受限，导致利率和汇率变化对经济冲击敏感性不高，利率对汇率波动的传导效应削弱，"抛补利率平价"定律无法完全有效发挥。

通过上述分析，可知对外贸易会通过利率、汇率、国民收入等渠道作用货币在各个职能上的国际需求，并且由对外贸易产生的货币国际需求乘数会随着货币国际化水平的提高而增大。由于我国现在利率、汇率市场化程度不高，资本与金融账户有较强管制，对外贸易虽然目前是人民币国际需求产生的主要渠道，但对结算职能之外的其他需求作用有限。

二、聚集效应强化乘数作用

前文已经分析了贸易中的货币决定以及宏观经济中贸易的货币多职能需求引致，此部分主要解释当货币国际需求及国际化水平达到一定程度后，货币国际需求会出现"聚集效应"。这种聚集效应会加强货币需求的乘数产生，此处"聚集"表示这种货币有自动吸引力，会让货币国际需求产生自我强化或者惯性影响。产生聚集效应的原因包括规模经济和网络外部性、对外贸易促进本币离岸市场发展和其他职能需求等。

（一）规模经济与网络外部性

1. 规模经济

一国货币的规模经济即随着货币在全球服务网络和规模的扩大，货币的交易成本下降。而对于市场中的经济主体，会选择交易成本低的货币。于是市场就会自我强化该种货币的需求与使用。

产生规模经济的主要原因是交易成本的下降，而经济主体的交易成本与国际货币服务的相关建设成本直接相关。国际货币网络的建设成本主要包括：第一，为了进行跨国贸易支付和清算，投资和建设该货币相关的支付清算设备及系统的成本；第二，为了满足跨国投融资，及伴随着的外汇风险套期保值，货币发行国金融部门提供相关金融服务和衍生工具所产生的服务费；第三，对于货币的使用者，如果多种货币同时应用于国际交易中，会产生货币兑换的费用，以及该货币贬值所带来的成本。

如果货币发行国在经济规模、贸易规模、投资规模、金融市场规模具有相对优势，那么对外贸易中使用该货币的境外主体数量会自然增加。随着使用规模的扩张，市场的深化和广化一方面降低了国际清算、金融服务网络等建设的平均成本，流动性提高可以减少交易的摩擦成本与风险，因此规模经济效应进一步得到强化。

2. 网络外部性

以多德和格林纳韦（Dowd & Greenaway，1993）为代表的研究提出货币是否转换需要考虑两方面因素，包括网络外部性和货币转换成本。网络外部性（network externality）是指随着网络用户数量的增加，网络的价值随着进入该网络的用户进一步增加。在国际货币选择中，如果某种货币接受的人越多，其交易范围越广，其国际货币职能发挥就越强，其他经济主体在进行货币选择时会选择跟随。转换成本涉及网络外部性形成的不确定因素，还有使用新货币的交易成本和学习成本。

网络外部性作用路径有二。第一，当多个货币网络同时存在且互不兼容时，经济主体就会尽量选择使用与接受度高的货币。一方面是防止其他交易者不接受自己的货币阻碍了经济活动顺利进行；另一方面避免货币使用时在货币网络中频繁转换导致的交易成本增加。第二，当多个货币网络存在竞争时，理论上即使没有政府强制力，市场马太效应①仍然会带来某一种或者某几种相对强势货币获得相对主导地位的结果。一方面，货币网络竞争时，具有较大网络范围的货币会因为比弱势货币更容易在交易时被接受，吸引更多的使用者，新的使用者加入又会继续扩大货币网络、增强货币媒介职能，这是货币网络自我加强效应。另一方面，如果不存在政策或技术障碍，在网络转换可行和成本可被接受的情况下，之前弱势货币使用者重新进行选择，被网络优势货币吸引进入。在这种新用户的选择和老用户的转换两种力量下，最终可能形成强势网络驱赶弱势网络，获得世界主导地位的结果。

通过规模经济和网络外部性机制，对外贸易扩大增强货币国际需求的过程如图 3-5 所示。

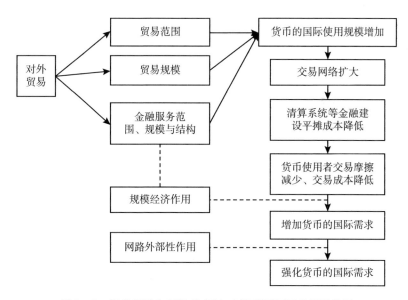

图 3-5 规模经济与网络外部性对货币国际需求增强作用

---

① 马太效应（Matthew effect），指强者愈强、弱者愈弱的现象，广泛应用于社会心理学、教育、金融以及科学领域。此处指强势货币地位增强，而劣势货币更弱。

我国学者在研究中也提出了网络外部性对人民币国际化问题研究的重要性，认为货币的网络外部性是正影响的外部效应，能有效促进货币化（潘理权，2000；钟伟，2002；何慧刚，2006；王永辉，2008；马丹、陈志昂，2010；杜朝运、叶芳，2012；钟阳、丁一兵，2012）。李艳丰、曹龙骐（2012）还根据人民币国际化的阶段性分析，认为人民币在跻身国际化货币行列后，进入维持、扩张与超越阶段，正网络外部性效应会变得更加显著，到了超越阶段（国际化后期）最终网络外部性会使人民币国际货币地位"不可逆"。

（二）贸易促进本币离岸市场发展

货币发行国对外贸易带动本币离岸金融市场发展，离岸金融市场的发展又为本币国际化提供更多的机会，促进货币国际需求乘数的产生。

第一，贸易产生的国际流量和存量正作用于本币的离岸规模，进一步促进本币需求。因为对外贸易完成后，外国企业获得他国货币会考虑一部分用于未来的进口支付或者投资及暂时保留供日常使用，其中暂时保留的闲置资金需要有金融机构进行存放、获得短期存款利息，因此有助于该货币的离岸资金池规模增加。

第二，离岸融资需求促进本币离岸市场产生与发展。对于一些金额庞大的贸易，有进出口融资的需求，会通过在国内外金融市场中以向金融机构借款、发行企业债券等方式筹集资金。资金需求会促进该货币离岸市场的产生和发展，离岸金融市场又以其为非居民之间提供货币流通平台，不受各国金融法律法规限制和利率优势带来资金规模的持续增长。并且，国际金融市场和贸易国金融市场提供、创新相关金融产品和服务，国际资产证券化也就同时发展，进而利于本币在国际社会的流通，货币国际使用率提高。同时，离岸金融市场也为本币的跨境流动建立了便利的通道，实现境内和境外的金融市场的沟通。

第三，促使本国金融机构国际化，服务本币境外需求与流通。在贸易的整个过程中，由于本国金融机构和本国企业经营等所掌握的信息掌握更为对称，合作风险小，所以贸易经验不足的企业更加偏好于从本国金融机构获得支持。在这种需求驱使下，本国金融机构会随着本国企业国际贸易一起走出去，扩展其在全球的服务，扩大本币海外流通和存贷款基础，从而有利于本国货币更方便地结算与流通、提高了本币的外汇交易功能。

（三）对投资与储备职能需求的间接影响

随着对外贸易的发展，各交易方为便于开展交易，需要将本币换成国际货币，若使用其中一方的货币进行计价结算，且贸易双方的交易关系稳定，则需要兑换方则很有可能留存一定的该货币余额，并为了套期保值在金融市场上使用相关外汇金融工具，这个过程会促进私人部门及金融部门对这种货币的储藏。另外，当贸易对象国收到国际货币后，又需要将该货币换取为本币，以满足所获收益后续的流通和使用，这样增加国际市场中该货币的流动性。此外，当一国贸易规模扩张、范围扩大时，且使用某种货币结算明显增多且长期稳定时，必然导致该种货币被纳入东道国官方外汇储备，储备资产中该国货币占比的提升强化了该种货币的价值储备职能，提高该种货币的国际化程度。

据上分析，对外贸易中伴随融资需求、交易需求、甚至短期间接投资需求，这些都与货币兑换有关，也需要离岸金融市场支持。从企业的整个贸易过程来看，涉及为了应对汇率风险的套期保值金融工具的使用、贸易融资、贸易结算、收付货币存放和保值，货币流入后的使用等多个环节，在每一个环节中都可能涉及本国货币兑换结算货币，频繁大量的兑换有利于强化本币的投资、计价、结算功能，提高本币的国际地位。因此，对外贸易除了对货币的国际结算职能产生作用，也会间接作用到金融投融资、官方和私人储备等多方面，创造更多货币的国际需求，使本币国际需求倍数增长，即发挥货币国际需求乘数效应。

第三节　对外贸易影响货币国际需求的主要路径

上述理论分析从微观到宏观系统深入地分析对外贸易对本币的国际需求

的影响机制。根据前文理论分析，可以总结得到对外贸易影响货币国际需求的路径主要包括规模路径和非规模路径，本书提取出贸易规模、贸易差额、贸易产品差异度几个重点，进一步进行总结和补充说明。本节将在上述理论机制基础上进一步对这几个方面进行阐释和总结，并对后文第五章和第六章的实证检验提出主要假设。

一、贸易规模

（一）贸易规模扩大提高货币需求可能性

一个国家的货币要成为国际货币在很大程度上受到该国贸易规模的影响。英镑、美元等国际货币经验都充分展示了对外贸易规模是货币国际需求产生的根本，贸易规模的扩大会为本币国际需求产生创造机会。对外贸易中大量进口为本币输出创造条件，大量出口为本币带来了回流的路径，由此形成货币在贸易渠道中持续需求和循环。因此，对外贸易规模扩大增强了本币国际需求的可能。

第一，规模效应的作用。如果本国进出口规模大，并且贸易对象国广泛，贸易频繁密切，则越有机会引致货币的国际需求。原因是，当本国与其他国家进行跨境贸易时，由于各国主权货币不相同，在计价与结算时必然产生兑换货币的需要，且增加交易成本，对于他国亦如此。在成本和利益的驱动下，各国进行经济交往时，会选择某一种需求最多、国际市场中最活跃的货币，以此降低交易摩擦和使用成本，而如果本国贸易规模大，具有量的优势，在交易中倾向选择本国货币的企业就多，于是形成了货币选择的强大的市场力量。所以，计价与结算货币通常属于贸易规模占主导地位的经济体，因为贸易规模大与外汇市场规模有直接关系，庞大的外汇市场导致交易成本的降低。随着货币发行国在与其他国家的交易中增加本币的使用，本币也将逐渐被更多国家所接受与使用，在这个过程中，规模增量会再次降低本币的国际交易成本，最终形成需求的自我增强。

第二，贸易网络促进货币交易网络发展。如果一国贸易规模不断扩大，与该国发生贸易往来对象国增加，贸易网络全球扩张，其货币国际需求越可能产生。用一个简单三国情形来解释，假设存在 A、B、C 三国，如果 A 国与 B、C 国之间都有紧密的贸易往来，B 国和 C 国之间没有紧密贸易往来或者贸易不频繁，那么 A 国货币最有可能成为各国选择的货币，因为 A、B、C 国在搜寻货币之后发现假如接受 A 国货币作为国际货币，那么 A 国、C 国贸易用 A 国货币，A 国、B 国贸易时也用 A 国货币，由于 A 国、B 国和 A 国、C 国贸易关系紧密、贸易量大，A 国货币在 B 国、C 国都会逐渐产生存量。在未来假如 B 国和 C 国有贸易时，也可以比较方便地使用 A 国货币，而如果之前选择 B 国货币或者 C 国货币，由于 B 国和 C 国的贸易规模不如 A 国大，货币的流量存量都可能不够，而产生兑换的障碍和交易摩擦。所以，当一国的贸易伙伴越多，贸易量越大，货币选择网络会随着贸易网络的不断扩大而扩大，达到一定规模的该国货币的交易网络。

并且前文已述，货币交易网络形成和范围持续扩大又产生网络外部性效应，即：当接受和使用某种货币作为交易货币越来越多时，持有这种货币的人将得到更多的便利与价值，所以网络覆盖面达到一定程度，还会吸引除了与货币发行国发生贸易以外的国家选择使用和储藏这种货币。

另外一种情形是，他国之前因为贸易、人员流动等其他原因已经有一定的本国货币流入，在这个基础上贸易扩大会增加货币的进一步需求和强化货币的交易网络。当货币发行国在扩大本国在货币流入国的贸易份额时，会促使货币流入国增加对本国货币的使用，扩大本国货币的交易网络，对本国货币需求增长带来正向的外部效应。

此外，贸易规模影响议价能力。贸易规模与市场份额直接相关，如果一国出口所占世界市场份额高，垄断程度越高，那么越容易获得卖方市场地位，引导贸易以本国货币计价。

（二）贸易规模影响汇率

汇率和对外贸易有密切的相互影响。货币升值或贬值会影响进出口贸易，而进出口贸易规模又会反作用于汇率，汇率的变化方向和波动性又会影响微观主体的货币选择。

一方面，贸易规模变化影响升贬值方向。假如货币发行国贸易出口扩大，或形成贸易顺差，则该国货币就有升值可能。对于贸易对象来说，如果有该货币计价的应付账款，未来支付成本可能会增加，下一步进口时就要考虑该货币升值带来的成本增加的风险，可能减小需求。而对于有该货币计价的应收账款的对象国，会因为该货币升值而激发未来对该货币需求增加的可能。相反，假如一国贸易进口扩张，进口大于出口形成贸易逆差，则该国货币就有贬值可能，如果有该货币计价的应付账款，未来支付成本可能会减少，未来进口时就可能增加选择该货币的意愿，则促进需求增长；而对于有该货币计价的应收账款的对象国，会因为该货币贬值而收益损失，或者动摇对该国货币价值的信心，从而减少对该货币的贸易选择和持有。

另一方面，贸易规模的变化会影响汇率波动性。如果贸易规模变化较大，汇率波动通常也会加剧；如果货币汇率波动性大，则影响他国对该国货币的信心，不利于各个职能下的国际货币需求。相反，如果贸易稳定，且有增长潜力，则会增强他国对该国货币的信心，从而有利于该货币的国际需求增长。

二、贸易差额

（一）贸易差额对货币国际需求的作用机制

首先，贸易差额影响汇率，汇率变化方向影响货币国际需求。贸易差额直接影响汇率，在浮动汇率制下，贸易顺差会因为贸易目的下的货币需求增长而导致本币升值，相反，贸易逆差会造成本币相对贬值。本币升贬值又会引起国际货币兑换和资本流动，也就是国际金融的参与者在投资投机、储藏动机下影响对货币选择及配比的改变。当某种货币升值或者有强烈的升值预期时，对这种货币的需求会增加。

其次，贸易差额影响一国外汇储备。对于主权货币非国际货币的国家或者本国处于货币国际化初期的国家，贸易顺差是其外汇储备增长的主要来源，而充足的外汇储备对这些国家是很重要的。充足的外汇储备是干预汇率的手段，也是重要的国际支付手段、国际清偿手段，更是国家调节国际收支，预防金融风险的重要保证。并且，顺差会是实现一国从债务国向债权国的路径之一，为本币国际化创造基础。但是外汇储备也不是越多越好，过于大量的外汇储备会影响国内货币政策，结构单一的外汇储备也面临着汇率波动下巨大的储备风险，如果本国汇率不完全浮动的情况下，还会给本币带来过度的升值压力。

最后，贸易差额作用国家经济增长，国家经济基本面是货币国际需求的基础条件。文献综述部分已经论述过，国家经济稳定和持续增长是货币国际化的基本。贸易实现顺差会对国内总需求形成刺激，促进经济增长。此外，净出口产生外贸乘数效应，使经济增长的规模增加出口增长的数倍。国家经济稳定增长是本币国际化的重要背书，也有利于增强国际市场对本币的信心。

（二）贸易差额反映国家整体贸易竞争力

一国参与国际竞争和国际分工的能力的提升通过对外贸易活动表现出来的，最终会通过国际市场上不断扩张市场份额并依此获得更多利润。一国贸易竞争力越强，该国货币国际需求的引致越可能实现。贸易差额是反映国家整体贸易竞争实力的传统指标。在国际贸易研究中，学者常用出口与进口的差额对国家贸易总量之比作为衡量一国整体贸易竞争力的指数，该指数值为正且越大，则认为该国在国际贸易中的竞争力越强，其思想是国家实力越强、竞争力越大，就能生产和出口更多的产品及服务，获得贸易顺差。

需要注意，这种观点更适合于分析发展中国家，对于发达国家来说，比如美国持续贸易逆差，但其贸易实力和竞争力是最强的。但是对我国来说，从生产落后的国家发展成为世界的出口大国，必然是国家贸易竞争力的提升。从理论上讲，对于货币国际化初期的国家，贸易顺差、国家贸易竞争力提高与本币国际化是正相关的，但是对于货币国际化的高级阶段，这个关系就变得复杂了。

（三）在货币国际化的不同阶段影响不同

货币国际化的不同阶段，贸易差额的影响不同，这也影响了货币国际化国家的策略选择。在人民币国际化的研究中，有部分学者对国际收支进行了分析，陶士贵、杨国强（2011）揭示了国际收支与人民币国际化的相互关系，认为国际收支不平衡会影响人民币国际化，而人民币国际化程度加深会加剧我国国际收支失衡。任倩（2013）提出人民币国际化的近期路径是经常项目顺差、资本金融账户逆差，远期需要经常项目逆差。万璟、陶士贵（2020）分析认为"一顺一逆"才会长远利于人民币国际化，双顺差和双逆差都是不利的。

萨缪尔森认为一国从发展中国家发展为发达国家的过程，也是从债务国变成债权国的过程，他把这个过程分为四个阶段，每个阶段都有阶段性的国际收支差额特征，其中第三阶段为比较发达时期，国家成为新的债权国，该阶段国际收支的特征为贸易顺差与资本金融项目逆差；第四阶段为发达阶段，国家在国际中充当成熟债权人的角色，该阶段国际收支的特征是贸易逆差与资本金融账户顺差。从美元、英镑等历史经验看，一般货币国际化的初始阶段，就是处于新债权国地位的第三发展阶段，国际通过大量贸易顺差，提高世界市场地位的同时激发货币国际需求。人民币国际化的初期，我国经济发展阶段处于高速发展阶段，但还不够发达，国家资本和金融市场还不够成熟开放，此时贸易顺差是有利的，更多出口会使本国外汇储备不断增加，促进本币升值，促进本币需求形成和扩大。贸易顺差带来的外汇储备积累有助于本国企业的海外投资，随着投资规模扩大和国际投资地位攀升，本币资本流出也会随之增加。相反，如果在货币国际化初期，如果进口大于出口，可能意味着本国生产能力和出口能力不足，支持货币国际化长远发展的经济基本面条件不足。

在货币国际化的后期，比如美国美元、英国英镑所处阶段，这个阶段货币处于世界货币主导地位，国家经济也处于发达阶段，经济结构中第三产业主导，成熟开放的资本市场吸引国际资金大量流入。此时国家如果持续顺差会导致本币输出不足，阻碍本币的有效输出和回流。并且，过度顺差会引起国内通货膨胀。相反，贸易逆差下大量进口可以促使本币持续输出，保证本币在国际市场中的存量和流量需求，也有助于国际收支的总体平衡。

三、贸易产品差异性

本币的国际需求受到贸易商品的种类和性质的影响。微观模型部分已经论证了产品的要素密集型和主导素的产出弹性、产品需求弹性等在货币选择中的决定，贸易产品差异性与这些因素直接相关。贸易产品差异性从贸易产品的质与市场可替代性上反映一国产品贸易的市场竞争力，对本币国际需求的产生与增长有重要作用。

贸易产品差异性决定厂商市场地位，市场地位又决定进出口双方谈判地位，而进出口贸易商最终确定的定价和结算货币最终又取决于双方利益和地位的博弈。

一方面，产品差异性对货币国际需求的影响在产业内贸易路径中发挥作用。在各国经济发展、产业升级和国际分工细化的背景下，国际贸易中产业内贸易的比重越来越大，所以产业内贸易的货币选择成为货币国际需求引致的重要渠道。产业内贸易水平反映了一个国家产业内专业化分工的深入程度及适应外部竞争的灵活性。产业间贸易不像产业间贸易有明显的产业互补的交易动力和贸易双方在价值链中地位的显著区别，其影响因素更加复杂，因此产业间贸易中货币需求驱动和实现可能更困难、复杂。产业内贸易理论建立了技术水平、产品差异和贸易的关系。产业内贸易受到不同国家间居民产品的异质性及产业技术水平、收入差异、消费习惯、区位等影响，但根本原因还是产品差异性。

虽然有其他原因影响，但产品差异性仍是产业内贸易的主要原因，并且其差异程度和优势度决定企业在贸易中的话语权，进而影响贸易货币的选择。产品差异性越强，生产商将在贸易谈判中获得更大的话语权，那也就越有机会使用本国货币进行计价、结算，对于买方而言意味着其在进口贸易中对计价货币的选择具有被动性，难以推广本国货币。相反，当交易的产品差异度较小时，面临的市场竞争比较激烈，且产品可替代性强、价格需求弹性大，那么买方将容易获得交易中的优势地位、选择自己偏好的货币，而卖方在报价和订立合同时更需要考虑其他厂商的货币选择，并随从。

另一方面，产品差异性也通过产业间贸易作用货币国际需求。本书所指的产品差异性不仅仅是同类产品的异质特征，也指不同产业中产品的差异。贸易产品可以分为竞争性产品、半竞争性产品和垄断性产品三类。竞争性贸易产品是那些市场供给多、替代品种类多、市场竞争激烈的产品，大多劳动密集型产品属于这个性质，如果交易的产品属于这类，则进口商的谈判地位高于出口商，定价货币和结算货币大多由进口商决定。半竞争性贸易产品是指产品种类有限，不容易被替代的、国际市场竞争不算激烈产品，资源性产品多数属于这个范围，如果要交易这类产品，定价和结算货币的选择比较容易根据交易习惯进行。垄断性产品是那些供给方较少，技术垄断或者其他资源垄断、很难找到替代产品的范畴，高新技术产品可以被归为这一类，这类产品的贸易中，出口商的谈判地位高于进口商，所以出口商主导了计价结算货币的决定。

产品差异性还作用于该国贸易的地理结构，从而影响到该国货币往外扩张，甚至区域化的地理路径选择。因为有货币国际化意图的国家其经济实力肯定不是处于绝对劣势的国家，现实的可能是处于全球经济中中上的地位，其分工与贸易也不会是处于全球价值链的最低端，因此其与一些发达国家相比，其主导产业是价值链中较低附加值的产业；而与相对落后国家，该国主导产业位于较高附加值地位。因此，根据国际贸易理论，该国与不同国家的贸易产品有差异，且在贸易中的地位有差异，根据货币国际化的经验研究，其区域化更有可能先选择后者进行。根据贸易对象划分，贸易可以分为三类：一是发达国家和发展中国家之间的贸易，这是一种经济实力不平等的贸易形式，如果发展中国家是出口国，它们贸易的大多数商品都是竞争性商品，作为进口国的发达国家就会处于有利地位，获得结算货币控制权，因此发达国家和发展中国家贸易时可以输出本国货币。二是发达国家之间的贸易，由于经济实力和贸易竞争力相当，此时贸易货币与贸易商品的种类有很大关系。当两国实力相当，贸易地位相当时，如果是差异较大的产品贸易中，以出口国的货币作为结算货币，或者则继续选择习惯性货币。而同质性强的资源性商品贸易一般使用习惯性交易货币，且很难改变习惯，如石油。三是发展中国家之间的贸易，由于双方的经济实力和技术实力处于较低水平，发展中国家参与对外贸易的结构主要是劳动密集型商品，同时也是竞争性商品，因此在这些国家的贸易中，结算货币一般是其中国家经济实力、技术水平相对较强的国家货币，或者是都愿意接受的第三国货币（一般是美元等主要世界货币）。

四、其他间接机制

贸易规模、贸易差额、贸易产品差异性几个方面是贸易直接作用货币国际需求的路径。同时货币需求的产生和持续增长还需注意根基经济发展的基础，生产要素禀赋和生产力水平会通过对外贸易间接作用货币国际需求。

要素禀赋和生产力发展水平决定一国的生产和贸易优势，各国具有优势产业的不同引起了国际产业间贸易。而各国在产业间贸易中的产品特征、贸易规模和地位又决定了贸易中计价、结算货币的最终选择。总的来说，一国在其具有绝对优势、比较优势的产业贸易中有利于本国货币的国际化需求引致，而以绝对劣势和比较劣势产业参与国际贸易的国家处于货币选择中的被动地位。

在揭示国际贸易动因和模式的理论发展中，亚当·斯密的绝对优势理论认为国际贸易的参与在于各国商品之间存在劳动生产率和生产成本的绝对差异。大卫·李嘉图提出的比较优势论则认为，即使一国在所有产品的生产中劳动生产率都处于全面优势或全面劣势的地位，也可通过生产劳动生产率差异较小的产品参加国际贸易，获得利益。后来，瑞典经济学家赫克歇尔和俄林提出 H-O 理论，认为各国应该集中生产并出口密集使用本国充裕要素的产品，以换取那些密集使用其稀缺要素的产品。在现代新生产要素理论的发展中，学者们又从人力资源、技术、现代信息技术等新生产要素的不同角度提出贸易的决定。随着世界经济贸易的发展，单纯依靠成本和价格优势已很难长期保持贸易竞争力，现在贸易竞争力更强调一国生产力的进步。一国生产力的提高，会带来贸易机会及贸易对象的增加，提高本币的外部需求可能。

生产力进步带来贸易竞争力提升，扩大贸易范围，创造货币需求机会。这一观点可以拓展应用比较优势理论进行解释。假设 2×2 模型下，即世界上有两个国家 A 国和 B 国，生产两种产品 a、b。A 国国内两种产品的比较价格为 $\frac{P_A^a}{P_A^b}$，B 国内两种产品的比较价格为 $\frac{P_B^a}{P_B^b}$，如果 $\frac{P_A^a}{P_A^b} > \frac{P_B^a}{P_B^b}$，意味着 A 国的 a 产品相对价格高于 B 国的 a 产品价格，因此 A 国在 b 产品上有比较优势，B 国在 a 产品上有比较优势。根据大卫·李嘉图的比较优势理论，在国际分工中，A 国应专门生产和出口 a 产品，B 国应该专门生产和出口 b 产品。为了使贸易得以进行，就两国都应该从中受益，所以两国的这两种产品贸易价格应该在两国国内比较价格之间的范围，如图 3 - 6 中 P 区域，即两个两种产品的交换价格在下图中阴影区域内都可能开展贸易，所以阴影部分是既定国内价格比下的贸易空间。假设当 B 国 b 产品的生产效率提高、生产成本和销售价格下降时，B 国的 a 产品和 b 产品的国内比价价格发生了变化，图 3 - 6 中表现为 OB 线向左扩张，因此可能贸易区域随之扩大，这样使得原来与 B 国没有贸易的其他国家有可能成为 B 国的贸易对象（因为比价落入新的扩大阴影区），所以得出结论，B 国生产效率的提高使得其贸易对象增加，从而贸易规模增加，促进本币的国际需求增长。这对人民币国际需求的提升研究有重要的理论意义，因为现在中国正处在生产力快速进步的过程中，生产力进步会动态影响国际产业间贸易，也间接作用于人民币国际需求的提高。

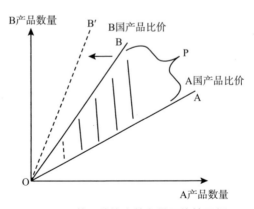

图 3 - 6　基于价格比的贸易可能性区间

五、主要假设提出

根据本节分析，提出本书的主要假设。这些假设将在第五章和第六章中论证。

假设1：一国贸易规模扩大有利于促进该国货币的国际需求增长。一般来说，一国如果贸易规模越大或者说参与全球贸易活跃程度越高，越容易引起该国货币的国际需求。

假设2：贸易差额对货币国际需求有影响，在货币国际化初期贸易顺差利于促进该国货币的国际需求增长，在货币国际化后期贸易顺差不利于货币国际需求的继续增长。

假设3：贸易产品差异（出口产品差异度）越大，出口国厂商也越容易在贸易中占据优势地位，其议价能力越强，更容易采用本国货币计价结算，因此有利于本国货币的国际需求增加。

假设4：异质产业贸易对货币国际需求的影响效果有差异，如技术密集性产品的出口更能有效促进货币国际需求增长。

| 第四章 |

人民币国际需求测算与贸易基础分析

　　本章是我国对外贸易和人民币国际需求的现状及关系分析部分。首先，根据从贸易规模、贸易差额、国际市场占有率、产品结构特征、贸易产业国际竞争力与贸易地理方向等角度分析人民币国际化的对外贸易基础。其次，从国际货币的贸易结算、投资、储备三大职能分别总结分析人民币国际需求在几个职能层面的现实表现，并使用国内需求倒扣法对人民币国际需求进行了科学测算。最后，在现状分析的基础上，深入剖析对外贸易现实情况下拉动人民币国际需求所面临的困境。

第一节　人民币国际需求的对外贸易基础分析

一、规模优势与贸易差额

第一，规模优势为人民币国际需求创造了基础。1978 年后，我国对外贸易发展迅速，尤其是 2001 年加入世界贸易组织后，进出口规模增长加速。1999 年，中国在世界商品贸易出口榜上的排名为第 9 位，进口排名为第 11 位。2005 年，我国外贸进出口总值首次超过 10 万亿元人民币；2010 年，超过 20 万亿元。2018 年，再创新高，超过 30 万亿元。据世界贸易组织（WTO）统计，2018 年中国货物出口额占全球货物出口总额的比重为 12.8%；货物进口额占全球货物进口总额的比重为 10.8%，为历史最高水平。[1] 尤其是，2018 年后中美贸易摩擦加剧，在国际动荡的背景之下，中国贸易总额仍然能保持增长，在规模上保持全球第一水平，反映出中国对外贸易具有一定的比较优势与稳定度。

需要注意的是，我国贸易增长是出口增长和进口增长同时带动的，尤其是进口已经成为拉动我外贸增长的重要动力。2018 年，中国进口增长对外贸增长的贡献率达到 56.6%，其中部分重要设备和关键零部件、优质消费品进口增长较快，比如集成电路进口增长 16.9%。此外，部分降税商品进口增速较高，如化妆品和水海产品进口分别增长 67.5% 和 39.9%。大宗商品进口数量增长也快，例如原油、天然气、铜精矿、煤、纸浆、原木分别增长 10.1%、31.9%、13.7%、3.9%、4.5%、3.9%。[2] 进口的快速增长会为人民币的输出提供新的机会，并影响未来人民币国际需求的增长策略选择。

第二，我国贸易顺差对人民币国际化影响复杂。我国国际收支账户中贸

---

[1] 商务部综合司. 中国对外贸易形势报告（2019 年春季）[R]. 2019.
[2] 去年我国进出口总额都创历史新记录 站上新高 [EB/OL]. 人民网，http：//finance.people.com.cn/n1/2019/0212/cl004-30625227.html，2019-02-12.

易差额在 1993 年以后均为顺差，且顺差增长迅速。贸易顺差到底是对人民币国际化有利还是有弊？一些研究已经从美元经验得出"贸易逆差与货币国际化的因果关系"论点，但是德国马克、日元这些国际货币，从 20 世纪 70 年代后的数据看，其货币发行国德国和日本在货币国际化过程中都表现出明显的贸易顺差特征，只有极个别年份是小幅贸易逆差。再看欧元，1999 年后的欧元区贸易差额较为波动，顺差逆差交叉出现，所以从这些货币经验看，贸易顺差未必一定是货币国际化的障碍，相反多国经验数据所表明的"货币国际化过程必然经历贸易顺差阶段"①。

现阶段的贸易顺差对于人民币国际化是必要的，有利于刺激非居民对人民币的需求。至少在国际化初始阶段，吸收更多外汇，可以保证外汇储备充足，是本国货币汇率稳定、国际清偿力充足，这些都是对货币国际化有利的条件。

但是长期顺差也会有负面影响。首先，出口太多，进口不足，本币输出不够，不利于该货币国际流量与存量的增长。其次，长期贸易顺差会导致本币升值，而本币升值又有复杂的作用，从价值角度看，可能会促进货币的境外需求，但是从贸易角度看会影响本国未来的出口。最后，长期顺差容易引发该国与其他国家之间的经济矛盾与摩擦，不利于本币国际化。因此，目前我国进口扩大，顺差有缩小趋势，这一点可能对人民币进一步国际化有利。

二、国际市场占有率

国际市场占有率从市场份额角度反映一国的贸易竞争力，可用一国出口总额占世界出口总额的比重或者一国某产品（产业）出口额占世界该种产品（产业）出口额的比重来衡量，通常认为出口占国际市场份额越高，贸易竞争力就越强。反之，竞争力就越弱。国际市场占有率是从规模角度对贸易竞争力的判断，贸易竞争力应还与出口产品差异性、科技含量等诸多质的因素

---

① 赵雪情，安然. 系列二十二：人民币国际化需要扭转贸易顺差吗？［C］// IMI 研究动态合辑，2014.

相关。

改革开放以来，我国贸易出口的国际市场占有率增长迅速。1980 年我国出口总额为 181.2 亿美元，占世界出口总额比重为 0.91%，位列第 26 位，1990 年，出口总额为 573.74 亿美元，占世界出口总额比重为 1.32%，排名上升到第 15 位。随后的年份里，我国的出口绝对值与占世界市场比重都迅速增加，世界排名持续前移。2002 年，挤入世界市场份额第 5 位，之后继续上升。2018 年世界出口总额约为 251363.4 亿美元，且中国出口贸易的增幅要明显快于世界出口贸易的增长（见表 4 - 1）。

表 4 - 1　　　　　　1990 ~ 2018 年中国国际市场占有率和世界排名

年份	世界出口总额（亿美元）	中国出口总额（亿美元）	中国出口国际市场占有率	世界排名
1990	43277.3	573.7	0.0133	15
1991	44282.1	659.0	0.0149	13
1992	47769.3	788.2	0.0165	11
1993	47200.9	868.5	0.0184	11
1994	52986.1	1191.8	0.0225	11
1995	63449.1	1472.4	0.0232	11
1996	67464.2	1716.8	0.0254	11
1997	69370.3	1405.3	0.0203	10
1998	68716.6	1413.6	0.0206	9
1999	71299.0	1498.8	0.0210	9
2000	79460.3	1900.4	0.0239	7
2001	76691.6	2085.7	0.0272	6
2002	80137.9	2476.3	0.0309	5
2003	94051.1	4459.8	0.0474	4
2004	114636.6	6047.7	0.0528	3
2005	130033.3	7733.4	0.0598	3
2006	149541.9	9917.3	0.0663	3

续表

年份	世界出口总额（亿美元）	中国出口总额（亿美元）	中国出口国际市场占有率	世界排名
2007	174168.7	12570.5	0.0722	3
2008	199497.8	14953.2	0.0750	3
2009	159501.8	12497.2	0.0784	3
2010	189123.9	16039.4	0.0848	2
2011	224911.0	20088.5	0.0893	2
2012	228659.1	21750.9	0.0951	2
2013	235682.9	23556.0	0.0999	1
2014	239730.0	24629.0	0.1027	1
2015	213242.5	23601.5	0.1107	1
2016	208650.7	21979.2	0.1053	2
2017	230022.3	24292.8	0.1056	1
2018	251363.4	26510.1	0.1055	1

注：货物和服务出口包含一国居民与世界其他国家的所有交易，包括一般商品从居民向非居民的所有权变更、送去加工或修理的货物、非货币黄金以及服务。

资料来源：根据世界银行数据库中全球货物与服务数据统计和排序而得。

此外，我国和美国出口的世界市场份额差距不断缩小。2010年达到基本相当，2013年我国首次超过美国成为出口占世界市场份额第一的国家。之后，除了2016年，在全球经济低迷导致外部需求低迷、贸易保护主义抬头，以及我国经济结构调整及人工成本和地价上涨等内外冲击下被美国反超，其他年份排名基本稳定在第一，成为对世界经济有重要影响的贸易大国。

我国出口占世界市场份额的持续快速增长反映了我国贸易竞争力显著提高。但是仍需强调，这不能代表我国出口产品与美国等贸易强国出口的产品具有同等竞争力，因为这是总量体现，从结构看，我国出口产品大多是劳动密集型产品，从价值链上看和发达国家相比竞争力还是有较大差距。

三、贸易依存度

对外贸易依存度是指进出口贸易额与同期国内生产总值的比较关系，其值反映一个国家或地区经济发展对对外贸易和国际市场的依赖性，数值越高，该国经济越依赖外部市场。贸易依存度对货币国际需求的影响比较复杂，过高的贸易依存度可能不利于货币国际需求的引致。贸易依存度是一国对国际贸易的依赖程度，体现一国国民经济对对外贸易的依赖程度，一般以一国进出口额与该国 GDP 比值来反映，又可以细分为进口依存度和出口依存度。

现有文献很少提及贸易依存度的影响，但本书认为贸易依存度对货币国际需求是有影响的。并且本书认为，与贸易规模、贸易竞争力不同，贸易依存度对本国货币国际化的作用可能是负向作用，因为一切的经济策略是应该符合国家经济发展的宗旨的，本国经济若过于依赖对外贸易，则可能为了继续保持经济增长而放弃货币的主动选择，以防损失经济利益。并且，贸易依存度高意味着该国经济容易受到外部政策和市场影响，一旦国际政治经济关系发生变化，或者外部需求变化，该国经济就会受到影响，间接影响其货币地位。

出口依存度和进口依存度高可能都不利于本币国际化。假如一国经济的出口依赖度高，则可能内需不足，该国经济增长需要保持出口贸易规模的稳定和扩大，所以在出口时，主要保证出口实现，而顺应进口国的货币选择，或者选择跟随其他国家出口的货币选择以防出口规模的损失。而一国经济的进口依存程度高，一定程度反映生产资料和中间产品本国供给的不足，除非进口规模达到绝对大，不然也难以通过进口输出本国货币。

而如果是进口依赖，尤其是进口原材料、中间成品多，假如这些原材料和中间产品进口时使用的是他国货币，并且这种进口生产是长期的，那么这些行业的出口也会出于汇率规避的目的而选择同种货币，即外汇风险管理中的"平衡法"，创造一个与存在风险相同货币、相同金额、相同期限、相反方向的外汇流动，这样，外汇资金有进有出轧平了外汇头寸，从而避免了外汇风险。比如某企业估计下个月要进口原材料产生 100 万美元的应付，那么它现在出口也用美元结算，如果获得了 100 万美元的出口收入，则用这 100 万美元进行原材料支付材料进口的成本，汇率风险就消除了。所以进口依赖会减弱本国企业出口采用本国货币计价的动机。

伴随着我国对外贸易规模的持续扩大，对外贸易依存度也在改革开放后增长。1978 年，我国对外贸易依存度为 9.8%。1980~1990 年，中国外贸依存度由 12.6% 上升到 30%，提高约 17%，这段时间贸易依存度快速增长与起初基数低有较大关系。1990~2000 年，中国外贸依存度上升到 39.6%，提高了约 10%。2001~2005 年中国外贸依存度上升很快，5 年间提高了约 24%，2006 年达到峰值 65%。2018 年，中国的对外货物贸易依存度约为 33.99%，其中，对外出口贸易依存度约为 18.24%，对外进口贸易依存度约为 15.74%；对比其他国家，美国对外货物贸易依存度是约 20.5%，其中对外出口依存度为 8.1%，对外进口依存度约为 12.4%；同期日本的外贸易依存度约为 29.9%，其中出口依赖度约为 14.86%，进口依赖度约为 15.06%。并且，相较于进口贸易依存度，20 世纪 90 年代后我国的出口贸易依存度总体略高。[①]

从国际比较来看，较高的贸易依存度是不利于人民币国际化的。好的方面是，在我国更加重视经济发展的内生动力以来，贸易依存度从 2010 年后表现出持续下降趋势，根据前文分析，一定程度的贸易依存度下降对人民币国际化是有利的。

四、贸易产品结构特征

出口方面，随着我国制造业迅速发展、产业结构优化，出口产品结构也不断优化。具体表现是，初级产品出口占比持续下降，工业制成品出口占比上升，尤其机械类产品和高新技术的出口比例增加。1980 年初级产品出口占大约 50.3%，2018 年在出口中仅仅占 5.4%；而工业制成品出口从 1980 年的

---

① 根据中华人民共和国国家统计局数据库整理计算。

49.7%上升到2018年的94.6%水平。[①]

目前，工业制成品占我国出口的绝大比例，主要包括轻纺产品、化学品及有关产品、机械及运输设备类产品、矿冶产品及制成品等。其中，机械及运输设备类产品所占比重在各大类产品商品中增长最快，且目前占比最大，1999年，出口占30.2%，2018年达到出口总额的48.6%。[②] 轻纺产品、橡胶制品、矿冶产品及制成品，化学品及有关产品出口占比比较稳定，有轻微下降趋势。[③]

除此之外，商务部数据显示，我国劳动密集型出口占比相对资本和技术密集型增长较慢，2018年纺织品、服装、鞋类、箱包、玩具、家具、塑料制品等7大类合计出口3.12万亿元，仅仅微增1.3%，占中国出口总额的19.0%。但高新技术产品显著增长，2018年高新技术产品出口4.9万亿元，增长9.3%，快于总体增速2.2个百分点，占出口总额的30.1%。并且，金属加工机床、手机、汽车出口分别增长19.2%、9.8%和8.3%。高新技术产品出口实现较快增长，反映出口商品结构进一步改善，出口企业自主创新能力不断增强。[④] 总体来说，我国出口产品精加工、深加工产品出口比例增长，出口产品技术含量、附加值都有所提升，总体出口结构呈现从轻纺、橡胶等产品向机电化工、高新技术产品升级的特点。

进口方面，初级产品进口和工业品进口占比没有显著趋势性变化，1980年我国初级产品占总进口比重为32.77%，2018年为32.86%；工业制成品进口占比1980年的数值为65.23%，在后来十年上升较多，于1990年达到81.52%，原因可能是20世纪80年代我国制造业生产水平较低，但国内需求增加。20世纪90年代后工业制成品占比逐步下降，直至2018年降为67.14%，也一定程度意味着我国制造能力上升、工业制成品的进口依赖下降。

细分进口产品，我国初级产品进口占比最高的商品包括食品类、非食品原料类，还有矿物燃料、润滑油及有关原料，其中原料类增长均显示出长期

---

① 根据《中国统计年鉴》数据整理计算。

② 根据中华人民共和国国家统计局数据库整理计算。

③ 本章贸易结构分析是用国际贸易标准分类（SITC）下的分类标准与数据。

④ 商务部综合司. 中国对外贸易形势报告（2019年春季）[R]. 2019.

的增长特征。在工业制成品的进口中，占比最大的产品依次是机械及运输设备类产品，轻纺产品、橡胶制品矿冶产品及其制品，化学品及有关产品。其中，轻纺、橡胶与矿冶产品进口有明显下降趋势，1999 年占比为 20.7%，2018 年下降为约 7.1%，进口比例下降反映出我国纺织等相关产业生产力获得优势的事实；另外，机械及运输设备类产品进口有所波动，但呈现缓慢下降趋势；化学品及有关产品进口份额比较平稳。①

我国优化的进出口结构有利于人民币国际需求的进一步提升，但是可以看到我国进出口结构虽然优化，但是资本和技术密集性出口尚未处于占优地位，进口也显示出较大的原材料进口依赖等特征。

五、产业贸易竞争力

通过前文理论分析，可知贸易竞争力对货币国际需求的重要作用。在微观机理部分阐述了市场竞争程度、市场份额和产品需求价格弹性等特征对贸易货币选择的影响，分析得到出口产品竞争力越强，历史贸易中的贸易地位越强，实现出口商选择本币计价结算越有机会。所以对产业、产品贸易竞争力的分析在本币国际化问题的分析中是必要的。此处用传统的以贸易差额比贸易总额的方法对我国产品贸易竞争力进行了计算，其结果可以表现一国对外贸易的比较优势主要集中在哪些产业和产品上。若该指数大于零意味出口专业化，小于零为进口专业化，等于零则表示贸易竞争力与国际水平近似。

一国的初级产品和工业制成品的贸易竞争力水平在国家经济发展不同阶段会发生变化，且会有较为明显的规律性。随着工业化进程的加快，初级产品的贸易竞争力将逐渐下降，而制成品的贸易竞争力将逐渐增强。20 多年来，初级产品贸易竞争力确实显示出下降趋势。1995 年以后，我国初级产品贸易竞争力指数开始出现负值，说明初级产品总体上不具有国际竞争比较优势，相反比较竞争劣势越来越明显。1999 年初级产品贸易竞争力指数计算值约为 -0.147，2018 年下降到约 -0.677；而工业制成品贸易竞争力指数改革

---

① 根据中国国家统计局数据库对外贸易数据整理计算。

开放初期还为负值，处于比较劣势状态，但 1990 年开始转为正值，1999 年提高到 0.1151，且上升趋势不变，2018 年达到 0.2424，表明工业制成品总体上已摆脱了比较劣势，获得了国际比较优势。

对我国进出口的主要细分产业进行贸易竞争力指数计算，得到表 4 - 2。从数据看，食品及主要供食用的活动物，非食用原料、矿物燃料、润滑油及有关原料等类贸易竞争力都呈下降趋势。化学品及有关产品，机械及运输设备，轻纺产品、橡胶制品、矿冶产品及其制品的贸易竞争力指数从 1999 年起逐渐提高，表明我国劳动密集型产品的贸易竞争力在持续增强。资本密集型（如机械及运输设备）的贸易竞争力指数从负值转为正值，表明我国资本密集型从比较竞争劣势成为比较优势，但是相比较于劳动密集型，其竞争力增长速度较慢。

表 4 - 2   我国主要贸易产品竞争力指数

年份	初级产品	食品及主要供食用的活动物	非食用原料	矿物燃料、润滑油及有关原料	工业制成品	化学品及有关产品	轻纺产品、橡胶制品、矿冶产品及其制品	机械及运输设备
1999	- 0.14758	0.4858	- 0.5293	- 0.3134	0.1151	- 0.3970	- 0.0156	- 0.0828
2000	- 0.29473	0.4415	- 0.6352	- 0.4486	0.1128	- 0.4281	0.0087	- 0.0535
2001	- 0.26921	0.4394	- 0.6827	- 0.3502	0.0959	- 0.4125	0.0219	- 0.0600
2002	- 0.26643	0.4725	- 0.6756	- 0.3914	0.0942	- 0.4362	0.0440	- 0.0380
2003	- 0.35279	0.4926	- 0.7430	- 0.4485	0.0853	- 0.4288	0.0385	- 0.0133
2004	- 0.48612	0.3466	- 0.8090	- 0.5364	0.1092	- 0.4259	0.1527	0.0296
2005	- 0.50153	0.4108	- 0.8074	- 0.5679	0.1638	- 0.3697	0.2281	0.0961
2006	- 0.5591	0.4404	- 0.8273	- 0.6671	0.2050	- 0.3231	0.3360	0.1221
2007	- 0.59612	0.4556	- 0.8565	- 0.6805	0.2372	- 0.2813	0.3625	0.1663
2008	- 0.64593	0.3997	- 0.8728	- 0.6839	0.2744	- 0.2007	0.4200	0.2077
2009	- 0.64234	0.3751	- 0.8909	- 0.7178	0.2277	- 0.2876	0.2635	0.1828
2010	- 0.6831	0.3122	- 0.8963	- 0.7527	0.2171	- 0.2618	0.3098	0.1736
2011	- 0.71469	0.2740	- 0.9001	- 0.7905	0.2242	- 0.2241	0.3602	0.1770

年份	初级产品	食品及主要供食用的活动物	非食用原料	矿物燃料、润滑油及有关原料	工业制成品	化学品及有关产品	轻纺产品、橡胶制品、矿冶产品及其制品	机械及运输设备
2012	− 0.72656	0.1925	− 0.8990	− 0.8198	0.2442	− 0.2244	0.3907	0.1926
2013	− 0.71969	0.1440	− 0.9032	− 0.8063	0.2386	− 0.2281	0.4184	0.1876
2014	− 0.7033	0.1143	− 0.8891	− 0.8038	0.2590	− 0.1791	0.3979	0.1930
2015	− 0.63913	0.0704	− 0.8755	− 0.7536	0.2849	− 0.1386	0.4924	0.2163
2016	− 0.61487	0.1083	− 0.8785	− 0.7358	0.2693	− 0.1475	0.4847	0.1988
2017	− 0.66235	0.0711	− 0.8883	− 0.7517	0.2585	− 0.1565	0.4634	0.1912
2018	− 0.67734	0.0051	− 0.8758	− 0.7641	0.2424	− 0.1436	0.4556	0.1798

资料来源：根据中国国家统计局数据库对外贸易数据整理、计算。

六、贸易地理结构和国内地区外贸发展

我国对外贸易有对象集中性较强、国内地区对外贸易发展不平衡的问题，但是趋势显示出国际市场布局逐渐多元，国内区域布局也更趋均衡。

（一）我国主要国际贸易伙伴

我国贸易对象集中性较强。目前，我国前四大贸易伙伴为欧盟、美国、东盟、日本，2018 年我国与这几个国家和地区之间的贸易合计占进出口总额的 48.3%，分别占比为 15%、14%、13%、7%，随后是韩国、中国香港、中国台湾、澳大利亚、巴西。并且，前四大贸易伙伴与我国贸易规模持续增长，2018 年对欧盟、美国、东盟、日本的出口分别增长 7.0%、8.6%、11.3% 和 4.4%。对发展中地区增速更快，其中非洲、拉丁美洲进出口分别增长 16.4% 和 15.7%，分别高于进出口总体增速 6.7 个和 6.0 个百分点，占进出口总额的 4.4% 和 6.7%。此外，我国"一带一路"倡议以来，与沿线国

家贸易增长迅猛，2018 年增长了 13.3%。[①] 未来我国与沿线国家的投资贸易合作潜力释放，在国家利益引导和人民币自身的价值吸引力下，我国人民币需求增长会迎来新的机会。

（二）内部地区对外贸易不平衡

我国内部地区对外贸易的发展不平衡。东部地区因为贸易地理优势、改革开放初期"东部沿海地区向内陆地区逐步开放"的战略及丰裕的资本，成为我国贸易发展迅速、较为成熟的地区，其贸易额占我国贸易总额80% 以上。

但是这种不平衡正随着区域发展逐渐改善，西部、中部和东北地区对外贸易增长速度高于全国整体增速使之与发达地区的差距缩小。2018 年，西部地区贸易增长 6.1%，中部地区贸易增长 11.4%，东北三省贸易增速为14.8%，分别超过全国平均增长速度6.4%、1.7%、5.1%。[②]

值得注意的是，从历史到现在，海洋运输都是对外经贸的主要方式，内陆地区在对外贸易中发展受限，"一带一路"倡议、中欧班列连接，内陆地区可以大力发展江海、铁水、铁空联运，以此突破贸易中地理限制的困局。此外，过去中国口岸主要集中于东部沿海，内陆货物进出口必须运到沿海通关，现在随着在内陆腹地设立一批批国家级口岸，同"一带一路"沿线国家深化"大通关"合作，西部地区也形成了口岸高地，因此，可以预见内陆地区贸易发展会持续加速。

地区贸易失衡的问题与人民币国际需求引致的关系，主要在于我国最早一批和现在重点推进人民币跨境结算的地区主要就是东部沿海和西部沿边地区，然而西部地区的贸易落后会制约贸易途径下的人民币国际需求引致，这点也将在本章中论述困境问题时详细说明。

---

① 商务部综合司. 中国对外贸易形势报告（2019 年春季）［R］. 2019.
② 中华人民共和国海关数据库。

第二节　人民币国际需求表现

总体看来，人民币国际化已经搭建起基本框架，有输出渠道，也有回流渠道，为人民币需求的产生和进一步增长提供了基础条件。目前人民币跨境流通还是主要由实体经济交易驱动，国际循环尚在初级阶段。输出方面，人民币国际需求产生的主要渠道包括：进口使用人民币支付；直接投资中使用人民币对外投资（RODI）；居民出境旅游或者探亲消费等使用人民币；对外提供金融贷款时，使用人民币贷款；准许境外企业在我国发行熊猫债券；批准合格的境内机构投资者使用人民币对外证券投资（RQDII）；非居民在资本项下用外币兑换本币；外汇互换；境内银行人民币同业存放，非居民持有在离岸市场上派生的本币等。回流方面的需求主要包括：人民币出口贸易结算、人民币直接投资、非居民携带人民币入境支出等方式下的现钞回流；居民在境外发行人民币债券；境外金融机构投资境内银行间债券市场；三类机构投资银行间债券市场、QFII 等。随着我国实体经济的顺利转型与持续发展、金融市场的深化与广化、资本与金融账户的逐渐开放、汇率和利率的市场化程度提高，实体经济和金融市场的抗风险能力提高，人民币国际需求的实现渠道也必然逐渐拓宽。

本节主要对人民币的国际需求水平表现进行分析。人民币国际化程度的测度可以反映现阶段人民币国际需求，目前的测度包括综合测度和按不同的职能维度测度。综合测度是为了对人民币的国际综合地位进行纵向和横向的比较，按职能分析可以了解每一个项目下的人民币国际化的情况，掌握人民币现阶段主要循环的路径，为其国际化策略提供更详细的信息。

下面先对人民币国际化综合指数进行说明，然后通过对外贸易结算、人民币直接投资、人民币债券与信贷、人民币外汇储备和货币互换对人民币国际化的交易、投资、储备三大需求进行总结，衡量人民币国际需求在各个职能上的表现情况。

一、人民币国际化综合程度

据中国人民银行发布的《2021 年人民币国际化报告》，截至 2020 年，人民币已经成为全球第五大支付货币、第五大储备货币、第三大贸易融资货币和第八大外汇交易货币。在我国货币国际化相关政策的推进下，人民币国际化程度逐渐提高，但仍然处于较低水平，且受到外部、内部经济影响有所波动。

在人民币国际化综合测度中，目前中国人民大学国际研究所编制的人民币国际化指数（RII）是最为综合和具有代表性的指数，对国际货币的三大职能进行综合计量与编制测度。图 4 – 1 显示：在跨境贸易结算试点、资本市场逐渐开放等政策的推动下 2012 ~ 2015 年国际化水平增速较快，2015 年达到峰值，2015 年下半年我国总体经济增长放缓、进入经济转型等因素影响，人民币国际化程度有所下滑，但在 2017 年又回升，接近达到 2015 年的峰值。

图 4 – 1　人民币国际化指数（RII）

资料来源：中国人民大学国际货币研究所 2020 年《人民币国际化报告》。

如表 4 – 3 所示，美元、欧元、英镑、日元、人民币在 2019 年第四季度的国际化指数依次为 50.05、26.28、3.92、4.63、3.05。可见美元依然是地位最高的世界货币，与其他货币的国际化程度有很大差异。人民币国际化水平逐渐提高，已经靠近日元和英镑的国际化水平。

表 4 – 3 　　　　　　2013 ~ 2019 年世界主要货币国际化指数

年度	美元	欧元	英镑	日元	人民币
2013	52.84	24.69	4.40	4.10	0.95
2014	53.05	24.38	5.05	4.12	2.37
2015	55.33	22.12	2.76	4.05	2.73
2016	54.85	23.68	4.58	4.02	2.65
2017	55.85	22.68	3.85	4.68	3.04
2018	51.07	26.15	3.98	4.26	2.95
2019	50.05	26.28	3.92	4.63	3.05

资料来源：根据中国人民大学国际货币研究所历年《人民币国际化报告》整理。

二、各职能中的人民币国际需求表现

（一）对外贸易中人民币的国际选择

目前，主要的世界跨境结算货币依次为美元、欧元、英镑、日元、人民币等。美元和欧元占比合计 70% 以上，但数据显示贸易项下的人民币国际需求企稳。2009 ~ 2017 年，跨境人民币结算金额累计突破 32 万亿元。其在国际跨境贸易结算中使用占比有较大提高，2012 年人民币在跨境结算中占比 0.24%，2018 年 12 月占比为 2.07%。尤其是 2018 年人民币跨境支付系统 CIPS2 期系统投入运行，人民币结算更加高效安全，人民币交易成本有所降低，企业有强烈的主观动机使用人民币，2018 年人民币在中国贸易结算中份额超过 20%，在全球贸易结算中份额超过了 2%。[1] 此外，在大宗商品计价结算方面也有突破，"上海金"、人民币铁矿石、人民币原油期货等相继挂牌交易。

人民币国际支付占全球机构和商业支付占比比较稳定，没有显著提升。

---

[1] 笔者根据中国人民大学国际货币研究所 2015 ~ 2018 年《人民币国际化报告》整理。

收付结构上，2012 年以来，除 2015 年和 2018 年外，其他年份人民币跨境实付大于实收，即人民币目前以输出为主。进口中人民币使用多，而出口使用少，事实上就还是外部需求不够。如果收付结构不能长期如此，假如人民币进口结算不断扩大，但出口还是以美元和其他外汇为主，我国外汇储备就会不断增加，即使中国的对外贸易实现了平衡也无法改变这一结果，外汇储备增加又引起基础货币投放增加和国内流动性泛滥的风险。所以未来我国不但需要在进口中强化人民币的结算职能，还应引导出口使用人民币结算。

国际收支角度，人民币的国际流通从经常账户下收付为主，转变为两个账户下的收付相当，甚至在 2018 年资本与金融项目下跨境人民币收付已经大大赶超经常项目下的使用。

对外贸易中，人民币在货物贸易中收付使用远远大于在服务和其他经常项目下的跨境收付，这与我国产业结构、出口结构、进出口行业的国际竞争力与议价能力等因素相关。根据中国银行 2018 年发布的《人民币国际化白皮书》的相关调研，目前我国企业 70% 以上在对外经济活动中愿意使用人民币，但是本国企业议价能力不够，以及境外企业认为境外人民币来源不足、人民币投资渠道有限是重要原因。

（二）直接投资中的人民币国际使用

随着经济全球化的发展，中国 ODI 及 FDI 总体增长。人民币汇率中间价形成机制改革，中国市场依然有较高吸引力，外商投资为了规避汇率风险，有人民币在投资中结算的动机。此外，企业全球资产配置意愿增强，政府对外投资也在世界经济合作驱动下迅速增加。直接投资成了人民币循环的重要通道，中国利用直接投资输出人民币，同时人民币又可以因为 FDI 合理引导回流。

中国作为全球第三大直接投资国，无论吸引外资还是对外投资都保持平稳增长，人民币在直接投资中的使用规模逐年增加。2011～2018 年，人民币在直接投资中累计规模研究达到 11.06 万亿元，2017 年我国对外直接投资流量的两成是以人民币方式出资，涉及中国境内企业数量超过 800 家，主要形成对境外企业股权和债务工具投资。[1] 2018 年人民币对外投资额为 2.66 万亿元，较 2011 年增长了 23 倍。[2] 全球 500 强企业中，中国企业数量仅次于美国，中国跨国公司在全球投资、采购、销售中话语权不断提高，对人民币在直接投资中的使用会产生直接的重要作用。

从流向上看，我国吸收的人民币外商直接投资比我国使用人民币对外直接投资额更高，未来可以在我国"一带一路"倡议下，扩大人民币对外直接投资，增加人民币海外存量，扩大直接投资渠道上的人民币需求。

(三) 金融投融资下的人民币国际需求

近几年，离岸人民币存款规模迅速扩大，人民币计价的金融产品更加多元。新加坡、伦敦、首尔、法兰克福、卢森堡等多个国际金融中心开展离岸人民币业务，但香港仍然是最大的人民币离岸市场。使用人民币的金融机构在逐渐增加，主要集中在亚太地区和欧洲地区。

国际信贷方面，离岸市场人民币存款总规模仍然相对低位，但有上升趋势。在天津、广西、云南等部分试点地区企业获准在东南亚等离岸人民币市场开展跨境人民币贷款后，央行又批准广东省南沙、横琴自贸区开展跨境人民币贷款试点，允许区内企业从香港和澳门的银行借入人民币资金，但要求资金的使用范围仅限于区域内或境外，用于直接投资的话，投资方向应符合国家宏观调控和产业政策的方向。

债券方面，与主流国际货币比，人民币在国际债券市场的份额依然较低，占全球总量 0.5% 以下。目前市场制度不断完善，创新品种不断新增，"债券通"等产品加快了债券市场开放，债券融资主体类型的广度和深度均有发展。但是，人民币融资成本较高、我国国内金融严监管、货币政策中性、跨境资本流动管理加强、美联储加息等国内、国际复杂局势下，目前人民币国际债券占比没有显著增长。

股票投资方面，目前非居民投资我国股票市场的渠道还十分有限，境外

---

[1] 商务部《2017 年度中国对外直接投资统计公报》。
[2] 笔者根据 2010～2018 年中国对外直接投资统计公报整理、描述。

机构投资者可以通过合格的境外机构投资者（QFII）和人民币合格境外机构投资者（RQFII）投资，境外个人投资者可以通过沪港通进行投资。证券投资人民币跨境结算增长较快，主要得益于我国金融市场双向开放放宽，比如，2018 年 QFII（包括 RQFII）资金汇出、锁定期限制被取消，QDII 额度被扩大。

总体上看，人民币金融资产国际吸引力增强，随着制度的建立，境外机构投资者和个人投资者所持有的我国人民币股票、债券等都有所增加。境外持有人民币债券份额上升较快，人民币股票被持有份额缓慢增加，人民币存款有所下降，人民币贷款没有明显增长态势。

（四）储备职能下的人民币国际需求

储备职能上，目前世界储备货币分布比较稳定，美元仍然是世界最主要的储备货币，欧元其次，两者合占 IMF 世界储备货币 80% 以上，英镑、日元、位列其后。2016 年 10 月 1 日人民币正式纳入国际货币基金组织（IMF）的特别提款权（SDR）新货币篮子，这是 SDR 历史上第一次新增货币，同时也是人民币国际化的重大里程碑，在国际储备货币中份额和澳元、加元占比接近。此外，人民币被越来越多的国家纳入官方外汇储备，据我国人民银行统计，截至 2018 年末，人民币在全球央行外汇储备中的占比升至历史新高 1.89%，但对比美元的 61.69%、欧元的 20.69%、日元的 5.2%、英镑的 4.4%，人民币在国际储备中还有较大进步空间，到 2019 年 6 月，已经超过 60 个国家把人民币纳入外汇储备，包括新加坡、菲律宾、俄罗斯、阿根廷、英国、德国等。

根据上述分析，目前人民币国际需求主要有两个特点。

第一，人民币现阶段国际需求主要是在实体经济框架下，金融框架下的相对较少。实体框架下，人民币在对外贸易中的使用大于国际直接投资中的使用。其中，对外贸易中实付大于实收，货物贸易收付大于服务贸易收付，该渠道发展受到世界经济波动、国际贸易环境、对外贸易政策的影响，也会受到我国产业结构、出口产品结构的约束，如果我国服务业发展缓慢、产业结构不优化、出口产品不提高质量、科技含量、附加值等，那么，按以货物的进出口贸易为主导的人民币国际输出入则难以有大的增持，也难以长期持续。直接投资下的人民币跨境流通，受到投资环境等复杂条件的影响，目前也受到我国政策的限制和引导，但许多学者认为直接投资渠道的货币循环是比较适合我国国情的，可以在避免金融风险的同时，促进经济增长，深化人民币的国际应用。金融循环下，人民币国际流通相对缺失是当前推动人民币国际化的主要障碍。首先，我国的资本项目尚未完全开放，货币兑换受限，资本账户管理"宽进严出"，资金出入境手续较多，流动不畅。虽然逐步开放，但国家也在资本市场开放的风险和收益中博弈，小心谨慎。其次，金融产品缺乏，金融市场不够健全。离岸人民币市场的发展，需要多样化、足够规模、交易活跃的产品来激活和发展。但目前离岸人民币流动性不够，市场的规模较小、开放度较低，缺乏金融产品，尤其缺乏套期保值工具，抑制了非居民持有人民币的动力。目前，主要依托香港、上海等发达的金融市场服务人民币国际循环，但在人民币国际化中具有战略地位的内陆沿边地区，如与东南亚国家经贸密切的云南、广西等地金融落后，难以支撑人民币周边化的目标。最后，尽管国内金融自由化的步伐已在加快，但利率、汇率市场化不足，一方面会让人民币资产吸引力不足，另一方面会导致人民币资产在国内市场和离岸市场的价格割裂，或成为投机对象。

第二，人民币回流渠道缺乏，总体输出大于输入。贸易渠道下，人民币作为跨境贸易结算手段，进口贸易中人民币使用规模日益扩大，但出口贸易中贸易对象使用人民币较少。贸易结算回流渠道还不是很畅通，一方面，因为跨境贸易结算试点时间不长，我国出口企业对人民币结算报税等操作不熟悉；另一方面，境外人民币存量有限，境外客户对人民币的大额兑换可能存在问题。直接投资中，FDI 渠道虽然有较大开放，但我国对人民币 FDI 的投资地域和行业有所限制和引导。金融渠道中，对运用人民币投资的主体有所限制，比如需要获得 RQFII 的资格。并且，受到宏观审慎监管、创新能力、市场条件等因素影响，我国人民币金融产品还不够丰富，配套系统与美元、欧元等相比还存在较大差距。

第三节　基于国内需求扣除法的人民币国际需求测算

一、测算目的

第一，研究人民币需求驱动的问题，有必要基于需求量的估算数据和变化特征进行。人民币的境外需求量是随着我国经济发展、外部政治经济关系变化而变化的动态变量。2009 年我国正式启动人民国际化之前，人民币的国际需求是一个被抑制的需求。人民币国际化策略开始后，人民币原来"被抑制"需求被不断满足，并且市场和政策共同驱动的需求不断增长。人民币国际需求量的变化信息对我们把握人民币国际化水平和潜力，以及进一步的策略研究是关键的。然而，由于统计的实际困难或者是官方未公布，即使关于美元境外需求的流量或存量的数据也无法得知。因此，相关领域的国内外学者们对这些数据测算方法进行了研究和应用。对于人民币来说，人民币进入国际货币体系时间较短且比重较低，所能获得有关数据更是有限，目前学者们多对人民币境外存量进行估算作为需求量的测算。

第二，提供综合指标，且弥补实证中人民币相关数据不足的问题。在人民币国际化的量化和相关实证中，国内外学者通常采用两种方式：一种是运用国际机构统计的某一职能下的特定指标作为代理变量，如国际货币基金组织（IMF）发布的各国央行外汇储备的货币构成、国际清算银行（BIS）统计的国际贸易结算中的货币份额、国际债券中的币种结构。另一种是运用一些金融机构或者研究机构发布的货币国际化综合指数，如中国人民大学编制的人民币国际化指数 RII，指数的优点是综合考虑了国际货币的职能，编制时也同时考虑流量因素和存量因素。但是，目前不论是单一职能指标还是指数数据，都因为微观数据的难以获得性使这些数据存在共性问题，比如在计量国际储备需求时，一般都选择官方外汇储备指标，私人部门储藏就被忽略了，但事实上私人部门是需求的重要主体，甚至更能反映真实的主动需求变化。

二、相关文献与方法运用

已有研究通过两种方法测算人民币的境外需求，包括直接测算法和间接测算法。

在早期的人民币相关研究中直接测算法应用较多。在我国货币兑换限制与资本管制严格、人民币也尚未真正开始国际化时，人民币流出的主要途径为出境旅游或探亲、边境贸易、地下汇兑等，而人民币流回境内也几乎只靠旅游探亲、边贸支付等这些有限途径。所以，早期学者们可以利用出入境携带现金、边贸数据、进出口银行结算额等数据对人民币国际需求进行简单估计。

直接测算法主要在对香港地区人民币存量、亚洲地区人民币存量和人民币跨境流量的估计中进行过应用。例如，姜波克（1994）使用直接测算法对1993~2003年的人民币流出规模进行了预测。王国明（2002）根据海关提供的资料并考虑出入境人数和平均携带现金进行简单估算。巴曙松（2002）根据香港接待内地游客的数据，估算香港流通的人民币。李婧、管涛、何帆（2004）依据环亚经济数据公司（CEIC）2003年的数据，估算了2002年因边境贸易和跨境旅游导致的人民币跨境流通规模，并考虑了地下经济、边贸互市和统计误差等因素。人民币现金跨境流动调查课题组（2005）的调查研究对2004年周边国家的人民币现金持有以及人民币跨境现金总流量进行了估算。钟伟（2008）通过中国与亚洲周边国家和地区的贸易和跨境旅游数据分析了人民币在该区域的流通渠道及其流量和存量规模。

直接测算法虽然原理简单、容易估算，但有明显缺点。首先，人民币跨境流动渠道虽然受限但还是多元的，只关注边境贸易和出入境游客携带人民币的单一渠道，因为无法统计或者其他原因忽略了其他渠道的人民币流动量，导致结果不够科学。其次，直接根据与跨境经济活动相关的资金流来估算境外人民币存量，具有主观性和随意性，比如有文献以携带出境的现金50%用于境外消费，这样的预设，使测算结果真实性不强。最后，直接测算法估算出来的数据是一个流量指标，不能替代存量和需求量。

另一种方法是间接测算法，又称国内需求扣除法或缺口估计法，是目前货币国际需求测算的主流方法。间接测算法的思想是：一国如果完全封闭，货币不能跨境流动，在均衡状态下，该国的货币供给就是国内的货币需求。在弗里德曼的货币需求理论中，收入水平、物价水平和利率等因素是决定货币需求的重要因素。当一国开放后，货币可以跨境流动，此时该国的货币供给应该几乎等于国内与国际对该货币需求总和。在国内货币需求函数稳定的情况下，该货币的供给量与国内需求的差额就是其国际需求。具体测算步骤是：在货币供给量的已知条件下，构建货币的国内需求模型，然后算出国内货币需求的估计值，再用货币供给量减去国内的货币需求值得出货币的境外需求值。其中，需要把研究样本量分为两个阶段，假设第一个阶段货币境外需求几乎为零，货币供给仅仅是满足国内需求，通过国内的基本面因素拟合出货币的国内需求模型，以估算第二阶段的国内货币需求。

间接测算法的应用有两个需要注意的问题。第一个问题是国内货币需求模型的建立，对于哪些因素应该纳入模型，以及变量的数据限制问题如何处理。马荣华和饶晓辉（2006）采用1958～2005年的年度数据，以1995年1月作为分界，把整个样本划分为两个阶段，建立国民收入、利率等变量决定的人民币国内需求模型。巴曙松和严敏（2010）以1999年作为两段时间分界，运用同样的方法进行估算，进行了数据估计。但是，由于数据可获得性限制，采用年度数据进行实证会遇到样本容量不足的问题，可能导致估计结果不够稳健。为了突破年度数据限制，董继华（2008）运用季度数据对1999～2005年的人民币境外存量进行估测，并且在第一步计算国内需求时考虑地下经济规模影响，其估测数据显示人民币境外持有量在2003年达到峰值后开始回落，认为总体来说人民币境外持有规模呈上升趋势，但季度性波动较大。陈鑫燕等（2012）运用2001～2009年的月度数据，以社会商品零售额总额替代GDP等总产出值，估计出社会商品零售总额、通货膨胀率以及名义利率与人民币境内需求之间的长期均衡关系，并估算了2010年5月后一年的人民币境外存量。周光友（2009）提出电子货币对传统货币有替代性的观点，从2012年开始，我国移动支付进入迅速增长阶段，后来余道先、邹彤（2017）认为移动支付对货币需求有重要影响，以2012年为时间节点设置了移动支付虚拟变量，然后对人民币的国际需求进行估算，结果发现 2009 ~ 2014 年人民币境外持有量增长迅速。石建勋等（2012）则创造性地提出了沉淀货币理论，认为股市和地产市场是吸收资金最多的要素市场，因此应该将股指和地价指数加入考虑因素中。冯永琦、陈冠羽（2018）结合了董继华和石建勋的方法，也考虑了股票市场和地下经济吸收的资金规模，把股票价格指数和宏观税率引入模型进行估算。但需要注意的是，间接测算法的使用前提假设是国内货币需求函数稳定，因此如果研究的时段内社会经济体制等因素发生重大变化，则会影响使用该方法的科学性。

间接测算法的第二个问题是两时段划分的时间选择问题。两个阶段的划分基于经验假定，主观性较强。巴曙松和严敏（2010）、胡威和王聪（2012）等以 1999 年为划分时点，李继明（2011）等以 2000 年为划分时点，余道先和王云（2015）等以 2003 年为划分时点，徐奇渊和刘力臻（2006）、石建勋等（2012）、陶士贵和叶亚飞（2013）等以 2005 年为划分时点，陈鑫燕等（2012）、冯永琦和陈冠羽（2018）则以 2009 年为划分时点，时点划分的主观性会影响研究结果一致性和科学性。

三、基于新的时间划分测算人民币国际需求

（一）使用方法与步骤

如上所述，间接估算法是目前比较科学的货币国际需求估算的方法，本书选择该方法对人民币国际化背景下的人民币国际需求进行测算。

间接测算法需要将样本数据分为两个时段，第一时段假定人民币几乎只有国内需求，认为人民币国际需求近似为 0。第二时段设定为人民币产生国际需求的阶段。如前面梳理，前人研究大多是在人民币国际化前的境外需求，学者根据研究目的，对样本进行了不同的分段，但几乎都选择的是人民币国际化进程之前的年份（2009 年以前）。但人民币国际化程度的大幅提高是 2009 年我国跨境贸易人民币结算后，从较为权威的国内外机构提供的综合指数或者单一职能下的统计数据来看，2009 年后的人民币国际使用都是质的飞

跃，所以本书划分两阶段的时点为 2009 年。此外，在样本的时间跨度上，本书选择了 2001～2018 年的数据。选择 2001 年为起点，是为了货币需求模型的稳定，减少制度结构突变。因为 2001 年我国加入 WTO 后，我国对外开放程度进一步显著加深，从外贸到直接投资推进到金融市场规范建设与对外开放，同时 2001 年后我国经济体制稳定，没有本质差异。

在测算之前，首先进行假定。

假定 1：2009 年以前，人民币的海外需求几乎为零；2009 年以后，人民币的国际需求明显出现。

假定 2：在样本观察期内，人民币的现金转换成本、流通速度等方面没有明显变化，并忽略不计地下经济活动产生的现金需求。

具体测算步骤为：首先，将数据从 2009 年开始作为分段时间点把数据分为两个子样本，分别为 2001 年 1 月到 2008 年 12 月，2009 年 1 月至 2018 年 12 月。然后，假定在人民币不外流的情况下，本国货币供给量近似等于国内需求量，然后对封闭状态下的构建本国货币需求模型，首先考虑哪些变量作为自变量，可以在货币需求理论基础上考虑社会总产出、物价水平、利率等因素。然后，在对解释变量和被解释变量进行稳定性、协整关系等检验的基础上，构建人民币境内需求模型，并验证模型的科学性、合理性。接着，在国内货币需求函数不变的情况下，使用第一阶段建立的计量模型推算第二阶段的人民币国内需求值。最后，计算实际货币供给与推算出的国内需求量之间的差额，该差额就是我们估算的人民币的国际需求数量（见图 4 - 2）。

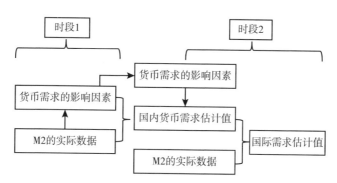

图 4 - 2　货币需求的间接测算法之国内需求扣除法

(二) 测算过程与结果

1. 第一阶段的国内货币需求模型的建立与检验

在西方的货币需求理论中，具有重要地位的理论包括传统货币数量论、凯恩斯的货币需求论、弗里德曼的货币需求论等。本书基于弗里德曼现代货币主义提出的货币需求函数从境内居民持有货币的交易需求、投资需求与投机需求三方面衡量，根据货币需求理论，货币需求主要由三个因素决定，参考伍戈 (2014)、余道先和王云 (2015) 等文献构建以下货币需求函数。

$$\frac{m_{2t}}{P_t} = (GDP_t/P_t)^{a_1} \times K_t^{a_2} \times R_t^{a_3} \times U^{(a_0 + a_4^{tax_t})} \tag{4-1}$$

对上式对数化后，得到国内货币需求半对数模型：

$$\ln\left(\frac{m_{2t}}{P_t}\right) = \alpha_0 + \alpha_1 \ln\left(\frac{GDP_t}{P_t}\right) + \alpha_2 \ln(K_t) + \alpha_3 \ln(R_t) + \alpha_4 \ln(tax_t) + u_t$$

$$\tag{4-2}$$

模型以 M2 与价格水平的比值为货币供给量；以 GDP/P 为消除价格衡量我国真实的生产总值，其中因为 GDP 没有月度数据，故用社会零售总额为替代变量。X 为 M2/GDP，量化货币化率水平；R 为利率，本书实证用银行间同业拆借加权平均利率名义利率衡量。T 为宏观税率，用税收与 GDP 的比值衡量，有国家财政收入的月度数据和 GDP 数据估算出。U 为综合变量。关于数据来源，货币和准货币 (M2)、同业拆借加权平均利率数据均来源于中国人民银行；社会零售总额、财政收入等其他数据来源于 RESSET 数据库。如上所述，第一结算的数据时间跨度是从 2001 年 1 月到 2009 年 9 月。下面应用 EVIEWS 实证分析。

根据货币需求理论，我们估计中国境内人民币需求与国民收入呈正向关系，即随着国民收入增加，居民对人民币需求增加；境内人民币需求与利率呈反向关系，利率升高减少货币需求意愿；宏观税率越高，地下经济越庞大，对人民币需求越上升。货币化率代表的是以货币交换的商品和服务在国内生产总值中的比重，与货币需求呈正相关。

$$\text{demand\_ho}_t = \alpha_0 + \alpha_1 \ln\left(\frac{\text{GDP}_t}{P_t}\right) + \alpha_2 \ln(\text{SV}_t) + \alpha_3 \ln(K_t) + \alpha_4 \ln(R_t) + u_t$$

$$(4-3)$$

$$\text{supply}_t = \ln(m_{2t}/P_t) \qquad\qquad (4-4)$$

$$\text{demand\_int}_t = \text{supply}_t - \text{demand\_ho}_t \qquad (4-5)$$

由于社会零售总额、货币化率变量具有季节性波动特征，因此先对这些变量进行 X12 季节性调整，以消除季节性因素对货币需求的干扰，更好地反映基本因素对货币需求的影响。

考虑到这些经济变量可能具有非平稳特性，为了防止伪回归现象的发生，在实证和估算前对每个时间序列变量进行平稳性检验。结果如表 4 – 4 所示。

表 4 – 4　　　　　　　　　　　变量的 ADF 检验

变量	ADF 检验值	t 值（5%水平）	P 值	是否平稳
lndemand_ho	0.9706	– 2.8900	0.9961	平稳
D(lndemand_ho)	– 5.2516	2.8900	0.0000	平稳
lnGDP_CPI	0.8766	– 2.8889	0.9949	不平稳
D(lnGDP_CPI)	– 15.0557	– 2.8744	0.0000	平稳
lnK	– 2.9944	– 2.8889	0.1528	不平稳
D(lnK)	– 15.8928	– 2.8889	0.0000	平稳
lnR	– 2.4791	– 2.8887	0.1234	不平稳
D(lnR)	– 12.2704	2.8889	0.0000	平稳
lnT	– 0.8856	– 2.8922	0.7889	不平稳
D(lnT)	– 4.7268	– 2.8922	0.0002	平稳

从单位根检验结果可知，模型中变量均为非平稳时间序列，但经过一阶差分后平稳，即都是一阶单整序列，符合协整检验的条件，继而采用多变量间协整关系 Johanson 检验方法，验证变量间是否存在协整关系。相关变量 Johanson 协整关系检验结果如表 4 – 5 所示。

表 4 – 5   相关变量 Johanson 协整关系检验结果

协整向量个数	特征根	迹统计量	5% 水平临界值	P 值
没有	0.4902	115.5931	69.8189	0.0000
至多 1 个	0.1988	46.1964	47.8561	0.0710
至多 2 个	0.1041	23.3660	29.7971	0.2285
至多 3 个	0.0604	12.0407	15.4947	0.1550
至多 4 个	0.0531	5.62166	3.8415	0.0177

从检验结果可以看出，变量之间存在一个协整关系，也就是自变量与因变量之间存在一个长期均衡关系。接下来用 E-G 两步法对模型中变量进行检测。

首先采用对已建立的货币需求模型进行普通最小二乘法（OLS）回归，得出具体的货币需求函数和模型残差项。OLS 回归结果如下：

$$\ln\left(\frac{m_{2t}}{P_t}\right) = 0.2866 + 0.9953\ln\left(\frac{GDP_t}{P_t}\right) + 0.9494\ln(K_t) - 0.0086\ln(R_t)$$

$$+ 0.0236\ln(tax_t) + u_t \qquad (4-6)$$

SE = (0.082831) (0.002516) (0.020682) (0.003444) (0.004173)

t = 3.460367   395.5501   45.90336   −2.498867   5.660568

Adjusted R^2 = 0.999566   F = 61675.35   Porb. = 0.000000

S. D. dependent var = 0.430738

式（4 – 6）为通过最小二乘法拟合得到的货币需求函数，该回归方程的整体显著性和拟合优度均比较理想，表明回归方程趋势线的估计值与实际数据之间有较高的拟和性。方程中所列解释变量的系数均在 1% 的显著水平上不为零，根据其系数值可知，国民收入水平、货币化率、宏观税负提高的提高会引发境内货币需求的增加，而利率提高会减少境内货币需求，这一结果与理论分析一致。

然后，对模型稳定性进行检验。对于时间序列数据，因变量与解释变量之间的关系可能会因经济系统供求关系和制度变迁的影响而发生变化，所以稳定性检验是必要的。接下来，对模型的残差项进行 ADF 检验（见表 4 – 6），若检验通过，则方程（4-6）具有可行性。通过检验，ADF 值为-1.6621，10% 水平的 t 值为-1.6145，检验可知，残差序列在 10% 的显著水平下拒绝存在单位根的原假设，检验结果表明在 5% 的显著性水平下，方程的参数和设定关系具有稳定性，可用于第二阶段国内货币实际需求测算。

表 4-6　　　　　　　　　　残差项的 ADF 检验结果

项目		t-统计量	P 值*
ADF 检验统计量		-1.662065	0.0910
测试临界值	1% 水平	-2.589531	
	5% 水平	-1.944248	
	10% 水平	-1.614510	

注：* MacKinnon（1996）one-sided p-values。

2. 第二阶段：2010~2018 年人民币国际需求估算与结果分析

把 2010 年 1 月到 2018 年的相关数据代入上面模型方程（4-6），估算出这个时间区间的国内人民币需求，然后用实际的货币供给减去人民币国内需求，则得到人民国际需求规模（境外存量）估算值。结果绘图如图 4-3 所示。

为了考察测算结果的合理性和科学性，将本书测算结果与其他文献相比较。首先，与中国人民大学国际货币研究所发布 RII 指数变动趋势基本一致，从变化趋势上验证了估算结果的科学性。其次，在与李婧等（2004）、人民币现金跨境流动调查课题组（2005），马荣华、饶晓辉（2007），尹亚红（2009），巴曙松、严敏（2010），余道先、王云（2015）等文献估算数据比较，从数值单位、整体范围来观察，本书估算的数据也是合理的，且与 2010 年前的估计值在数据上有延续性；另外，观察 2010 年后的估计值与 2009 年以前，尤其是与 21 世纪初期的估算值比较，的确有显著的增长，侧面反映了选取 2009 年作为两阶段的时间分界是合理的。

图 4 - 3　人民币境外需求估计值（境外存量）

从预测结果形成的图形（见图 4 - 3）看，人民币国际需求总体趋势比较稳定上升，且取得较大增长。但是需要注意，除了一些正常性波动外，出现了两个变化较大的时间点，分别是 2015 年和 2018 年的下降。2015 年的下降，主要原因可能是 2014 年下半年后随着中国经济潜在增速的下行，央行多次下调利率与准备金率，而美国开始加息，造成内外利差显著收缩，因此跨境套利等投机性需求减少，中国短期资本外流压力增加，贬值压力也在当时削弱了非居民对于人民币的信心。此外，2015 年"811"汇率改革，人民币市场化水平加深、跨境资金流出限制放宽，引起人民币币值较大波动，市场信心短期动摇。2018 年，中美贸易摩擦升级，对我国对外贸易有直接的影响，也会影响外部市场对中国经济基本面的信心波动，并且贸易摩擦逐渐上升到金融领域，人民币币值也并发下跌，综合因素造成人民币国际需求的下降。

需提及的是，这种测算方法和结果依然存在一定缺陷，主要是：本书运用两阶段法本地需求扣除法测算人民币国际需求，是基于国内货币需求函数稳定的假定，即两个阶段的国内货币需求函数参数没有显著变化。但事实上，国内货币需求有可能因为新的冲击而发生改变，所以根据第一阶段的估计参数来预测下一阶段国内货币需求有不准确的可能。虽然目前这个问题的研究还没有更好的办法解决，但结果还是有较强的参考意义的，对于本书预测，所测算出的数据走向是能够被可观测的经济事件，如人民币国际化的推动政策、汇率制度变革、人民币升贬值和市场预期变化所解释的。另外，对于政策决策者而言，相比绝对数额的测算结果，其变动趋势的判断是更为重要的。

第四节　贸易现状下的人民币国际需求增长困境

本章前三小节分别论述人民币国际需求的对外贸易基础以及各货币职能下人民币国际需求现状，并对需求量进行了测算。在前文基础上，本节进一步分析我国对外贸易现状下的人民币国际需求增长问题，这个部分也是本书对相关问题研究的一个重要补充，客观的"矛盾与困境"分析有助于认清我国人民币国际化的实际发展条件，也有助于进行策略选择。

一、货币需求动机视角的整体困境分析

货币国际化的内驱力是国际市场对该货币可以形成稳定持续的、不断增长的需求。人民币国际化放缓表示现实需求不足以支持人民币国际化程度持续提升。

根据货币需求理论，影响货币国际需求的三大动机包括交易性货币需求，投机性货币需求和预防性货币需求。这些需求具体是在跨境贸易、跨境消费、直接投资、金融投资、境外储备等具体经济活动中存在。如图 4 - 4 所示，影响需求因素主要包括规模和结构变量、机会成本和制度变量。规模与结构变量包括货币发行国的国际经济地位、产出规模与增长、对外贸易规模与增长、金融规模、产业结构与贸易结构等；机会成本包括货币对外价值（汇率及其预期）、利率、投资回报等；制度变量包括对政治稳定性、外汇管制程度、货币国际化政策、军事力量等。

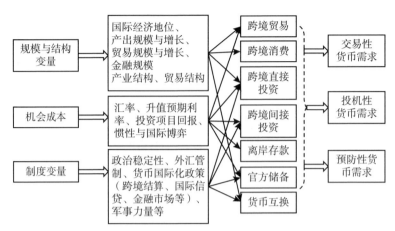

图 4-4　基于三个需求动机的人民币需求影响因素

　　但是从这些因素来看，目前我国境外自发需求面临增长困境。下面从上述影响货币国际需求三类变量举例说明总体需求的增长困境。

　　第一，规模与结构方面。首先，我国经济规模增长，但增长速度放缓。其次，三个产业结构逐渐优化，但第三产业仍低于发达国家。最后，对外贸易增长，但外部依赖性强，结构也不够合理；服务贸易的发展严重落后于货物贸易，货物贸易中工业制成品占比高，高新技术产品比较低。虽然资本和技术密集型产品比重提高，但多为加工贸易，即进料加工为主，而自主创新较少。在这种规模的增长、不平衡的结构对保持人民币长期国际贸易中的计价和结算需求形成不利。一方面，是规模增长目前面临放缓的趋势，会影响交易需求；另一方面，国内产业和进出口的产品结构问题，导致中国在进出口中议价能力不强，从而在贸易中选择人民币为国际计价结算更加困难。

　　第二，机会成本因素方面。首先，人民币基础利率近几年总体下调，而美国等外部大经济体利率提高，从而影响外部市场对人民币资产的投资需求。其次，人民币汇率基本稳定，但汇率浮动空间逐步扩大。人民币汇率市场化程度提高，但人民币套期保值的金融工具比较缺失，从而抑制人民币的境外需求。并且，外部市场对人民币价值的信心和预期比较敏感，汇率容易受到外部市场对中国经济预期和其他国家社会经济等政策影响。目前中国经济的放缓的增长速度和转型改革的"新常态"可能对维系稳定国际市场对人民币信心短期不利。此外，中国经济很大一部分还是要靠出口拉动，人民币大幅升值会对中国保持出口顺差、经济总需求、就业都不利，因此市场对人民币的大幅升值预期微弱。最后，我国劳动力成本上升导致传统劳动密集型产业FDI投资回报率下降，想要通过FDI使人民币跨境流动需要有新的比较优势，更需要调整经济结构和产业升级提高总体投资回报率创造直接投资下的人民币需求。

第三，制度政策方面。我国虽然逐渐开放金融与资本市场，但依然有太多管制和限制。比如资本市场下的货币上不可完全兑换，资本金融的人民币跨境流通渠道有限，且在流动方向上有政策限制，阻碍了国际市场持有人民币的动力产生。

二、对外贸易现状与人民币国际需求发展的困境

（一）贸易产品结构失衡不利于人民币需求增长

我国贸易结构制约人民币需求的持续增长。主要问题包括：第一，资源、劳动密集型产品占比大，国际竞争力处于劣势地位。第二，工业制成品出口比重虽逐步上升，但国际竞争优势仍显不足。第三，我国出口的高新技术产品和中小型技术产品大多处于低端水平，真正反映一个国家技术实力和产品竞争力强的产品所占比例很低，因此出口产品在国际贸易中的议价能力具有很大的局限性。第四，在我国投资的外国企业出口占我国出口贸易总量比例高，本国企业的生产力和国际竞争力需要进一步提高。

尤其是我国出口产品以机电产品、农产品、纺织品等为主，劳动密集型产品比例较大，很多企业是采用加工贸易方式，整体处于产业制造链的中后端。低附加值、低科技含量的产品且替代品多、竞争激烈，这使我国出口商在国际贸易中议价能力不强，在结算货币的选择上只能按照进口方来，难以要求交易对手方用人民币计价和结算。在进口方面，我国原材料、高新技术进口居多，而这些产品的贸易中卖方地位高，想要使用人民币计价结算也难以实现。并且，我国进出口的结构与国际地位决定了目前我国的外部市场需

求容易波动。一方面，低端产品竞争激烈，容易受到消费偏好转变的影响；另一方面，其替代性高，议价地位较低，容易受到价格弹性或者收入弹性的影响。

总的来说，根据国际贸易货币选择理论，要在贸易路径上推进人民币需求，理想条件是出口时为卖方市场，中国出口的企业拥有定价权，在产品的供给上具有优势（产品差异化大、供不应求等）；而进口产品时为买方市场，我国进口占他国较大的市场份额，且该商品差异小、替代性高，对人民币输出更加有利。目前，我国进出口产品结构下，出口产品由于技术水平低、议价能力有限，人民币出口定价和结算比例必然较小。此外，我国进口产品多为资源性产品和技术性产品，出口商具有较强的议价能力贸易，则会选择对自身有利的货币进行定价和结算，不利于人民币需求引致。

（二）贸易地理结构不平衡制约人民币国际需求扩大

对外贸易地理结构影响人民币国际需求产生。计价和结算货币的选择取决于进出口双方地位和利益的博弈，经验显示，发达国家之间的贸易货币选择与产品相关，差异性强、科技含量高的产品多以出口国的货币为结算货币。

从我国对外贸易的地理结构来看，我国与美国、欧盟、日本等发达国家贸易占比大。与这些发达国家进行贸易往来时，相对处于弱势地位，在选择计价结算货币时缺乏话语权，所以一般由贸易对象决定货币，多采用美元或者其他国际货币作为计价结算货币。在与非洲、巴西、中亚等发展中国家和地区的贸易中，资源性商品比重较大，而这类商品交易在国际上已形成以美元计价结算的习惯，并且如理论部分分析资源性商品作为生产资料，它的国际货币选择惯性是很难打破的。因此，中国对外贸易的地理结构和产品结构共同对人民币跨境贸易结算造成障碍。

（三）我国内部对外贸易不平衡影响人民币国际化政策效果

我国东西部地区贸易发展不平衡问题突出，不利于人民币国际化政策的实施效果。2010年，跨境贸易人民币结算试点扩大，被作为试点的城市或省份以两类为主：一类为上海、广东、浙江、江苏、福建等经济发达且对外开放程度较高的东部沿海地区。另一类为广西、新疆、云南、内蒙古、黑龙江等具有对外经济贸易地缘地理优势的沿边地区。如综述部分论述，我国大多学者赞同人民币国际化应该先周边化且先在国际交易职能运用。所以边疆地区和沿海地区均具有重要的战略地位。但是从试点结果来看（如表4-7和表4-8所示），人民币跨境收付集中在沿海地区的跨境贸易中，沿边地区人民币跨境收付占比很小，没有在人民币国际化推进中起到显著作用①。

表4-7　　　　　　　人民币国际结算试点地区经济发展不平衡情况

分组	地区	GDP排序	GDP（亿元）	进出口总额（亿元）	占全国外贸总额百分比（%）	外贸依存度	对外开放度	开放度排序
沿海地区	上海	6	24965.0	27980.4	11.38	1.12	1.167	1
	广东	1	72812.6	63708.5	25.92	0.875	0.898	2
	浙江	3	42886.5	21633.9	8.80	0.504	0.529	3
	江苏	2	70116.4	33982.9	13.82	0.485	0.506	4
	福建	5	25979.8	10548.4	4.29	0.406	0.424	5
沿边地区	辽宁	4	28743.4	5976.7	2.43	0.208	0.219	6
	广西	8	16803.1	3192.8	1.30	0.19	0.196	7
	新疆	12	9324.8	1225.6	0.50	0.131	0.134	8
	云南	11	13717.9	1527.2	0.62	0.111	0.125	9
	吉林	10	14274.1	1179.6	0.48	0.083	0.120	10
	黑龙江	9	15083.7	1307.1	0.53	0.087	0.110	11
	西藏	13	1026.4	57.0	0.02	0.056	0.091	12
	内蒙古	7	18032.8	794.1	0.32	0.044	0.056	13

　　注：对外开放度=外贸依存度+外资依存度；外贸依存度=（出口总额+进口总额）/GDP；外资依存度=实际利用外资总额/GDP。

　　资料来源：中国经济与社会发展统计数据库，部分由笔者整理计算。

---

　　① 对东部沿海和西部沿边的区域划分参照杨荣海（2012）采用的广义方法，东部沿海地区包括北部沿海、东部沿海和南部沿海地区，西部沿边地区包括西北、西南和东北地区以及黄河中游地区。表4-7展示了较早参与试点人民币国际结算省市中的13个省份，东部沿海地区包括上海、广东、浙江、江苏、福建；西部沿边地区包括广西、云南、新疆、西藏、吉林、黑龙江、辽宁、西藏。

表4-8 分地区人民币跨境收付情况（2018年）

地区	经常项目（亿元）	资本和金融项目（亿元）	合计（亿元）	占比（%）
上海	9120.2	19105.2	28225.4	30.7
广东	12207.9	9316.1	21524.0	23.4
北京	5695.6	9348.2	15043.8	16.4
江苏	3186.3	2242.1	5428.4	5.9
浙江	2959.8	1008.3	3968.1	4.3
天津	1416.1	975.6	2391.7	2.6
山东	1299.5	849.3	2148.8	2.3
其他地区	7669.7	5520.2	13189.9	14.4

资料来源：中国人民银行。

究其原因，沿边地区在经济发展、开放程度、金融发展等多方面相对落后，难以和沿海地区一起协同发力人民币的国际化实现，也就是，我国"东西差距""沿海沿边差距"的内部问题成为人民币国际化推进的制约因素。

我国沿海地带对外交通便利，是我国对外贸易的主要基地，起到外引内联的作用，较高的开放水平和开放政策与比较发达的金融市场为人民币跨境结算投融资提供更好的金融条件。并且，沿海地区产业升级较快，对外贸易结构逐渐优化，机电产品、高新技术产品出口快速增长，出口结构的优化、产品价值链上的地位提升对我国对外贸易使用人民币国际化有长远的作用。

沿边地区虽然地处边境，对外贸易运输距离近、贸易成本低，且许多地区与周边国家语言、文化、宗教、生活习惯等方面有较强的相似性，在对外经济贸易中拥有特殊的地缘地理优势，但是生产力、经济规模及增长速度都相对落后，开放水平、金融建设也不如东部地区。并且沿边地区在产业结构升级上相对缓慢，现阶段出口仍然集中在农产品、资源性产品、机电产品、服装等商品上。总体来说，沿边地区虽有历史和区位优势，但通过对外贸易路径向周边国家推进人民币需求受到贸易规模和结构的长期约束。

因此，我国产业发展、贸易发展在国内地区之间的不平衡问题，成为我国人民币国际化发展的制约因素。

（四）国际收支下人民币国际循环模式的两难

货币国际需求的持续增长需要顺畅的国际循环通道来实现和承载。货币国际循环不能仅依靠国际收支单个账户局部环流，也不能在两个基本账户为方向一致的巨额差额，其循环框架需要两个基本账户一个顺差一个逆差搭建，则一个主导输出，一个主导回流。

国际收支视角下的循环模式主要有两个。模式一：资本与金融账户输出、经常账户回流，即资本与金融账户逆差、经常账户顺差。货币发行国为世界经济中的生产者和债权人。模式二：经常账户输出货币、资本与金融账户回流，即经常项目逆差、资本与金融项目顺差。这种循环下，货币发行国是国际经济中的消费者和债务国，即货币发行国利用金融资产的净流入为经常账户赤字融资。图4-5是国际货币的基本循环路径。

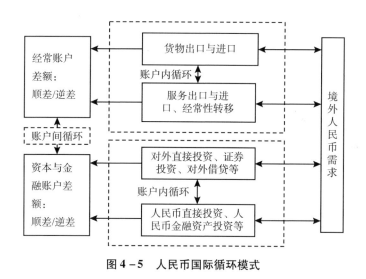

图4-5 人民币国际循环模式

面对国际收支视角下的货币国际两种循环模式，人民币国际化正值选择困境。2013年来，我国国际收支已经从"双顺差"转变为经常账户顺差、资本与金融账户逆差，并且有经常项目顺差下降，资本与金融项目持续逆差，且逆差增长的长期趋势。人民币循环目前还没有建立起真正的模式。这两种模式都需要对外贸易发挥其作用。

　　如果选择模式一，则需要货币发行国有强大的实体经济作为支撑，要有足够的生产能力、相当的国际竞争力的多元商品和服务，并可保证国际市场对该国商品、服务乃至货币的持续稳定的需求。另外，资本有对外投资的意愿，外部市场有较高的收益率或者其他因素吸引在货币发行国之外进行直接投资和证券投资，外部市场可从该国融资。但我国目前实体经济增长速度放缓，处于调整和转型期，制造业面临劳动力价格低等传统优势的逐渐消失，生产、出口的产品质量、技术含量等还不足以在国际市场具有绝对优势和竞争力，服务业与发达国家相比还有较大差距，在国际收支上也为逆差状态；资本目前为净输出，其中直接投资增长较快，但很大一部分是政府引导的输出，如对"一带一路"沿线国家的直接投资与信贷，私人部门的对外投资较少；此外我国在证券投资也还有较严格的限制。所以模式一在短期内难以实现。

　　如果选择模式二，即人民币输出主要靠贸易逆差完成，不符合我国国际收支的实际格局，也与我国出口依赖较高的经济增长方式相背。此外，如果中国从贸易顺差转为贸易逆差，人民币将面临贬值压力，货币持续贬值将动摇国际投资者的信心。因此，依靠贸易逆差对现阶段人民币国际化初期不是合适的选择。

　　该模式要求外部市场有能力且愿意不断地向国际货币发行国提供商品和服务，货币发行国愿意维持贸易逆差，同时资本与金融市场足够吸引外部经济体投资，并能长期维持其投资环境和优势，外部市场也愿意对该国投融资。这个模式不符合我国现阶段的制造大国国情，从经济安全角度，也不能对外部商品和服务有高的依赖性。FDI方面，中国劳动力成本优势正在减弱，发达国家产业在全球范围内重新布局，资源和劳动力获取型的吸引投资方式难以长期持续；并且我国金融市场不够发达，金融产品不够丰富，资本账户也有所管制，暂时无法依靠金融途径大量回流货币。而且就算未来我国经济发展接近美国，这个模式也会有造成经济空心化、脱实就虚的经济风险。

　　关于国际收支视角的人民币国际循环模式选择困境，不论是"资本与金融账户输出、经常账户回流"的短期路径"模式一"，还是"经常账户输出货币、资本与金融账户回流"的远期路径"模式二",都面临着不同的约束条件：人口红利消失，劳动力成本增加，出口产品技术落后、附加值低；对外直接投资政府占比高，私人部门占比低；证券投资开放度低。

模式一的困境突破，可以从贸易视角进行考虑，如图4-6。

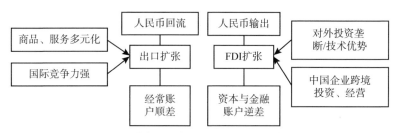

图4-6　对外贸易与人民币国际循环的模式一

对于"经常账户输出货币、资本与金融账户回流"的模式二，其面临的约束条件主要为与我国出口导向经济发展模式相悖，不符合我国现阶段的产业结构与生产特征；资源和劳动力获取性外国直接投资不可持续；金融市场不发达、不成熟，金融账户下资本流动限制；风险：经济空心化、脱实向虚。

模式二的困境突破，也可以从贸易视角进行考虑，如图4-7。

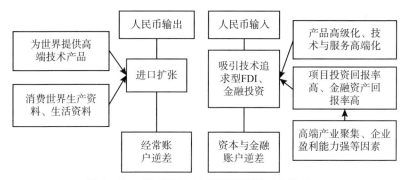

图4-7　对外贸易与人民币国际循环的模式二

并且，随着中国经济的发展，未来人民币国际化很有可能向美元一样经历"模式一"向"模式二"的转变，在这个过程中，除了增加进口规模、形成国际贸易逆差需要通过逐步压缩加工贸易产业来实现，更需要配合发展非贸易产业，完成经济结构转型和产业转移，在国际贸易逆差实现的同时保证经济平稳增长、就业压力缓解，且使货币国际地位得以维持。

解决人民币国际化需求不足、缺乏循环内在动力的矛盾，需要我国产业优化、产品升级、国际分工中向价值链高端迈进才可以从进出口路径刺激人民币在国际市场的交易性需求；也需要产业端的发展和收益增长，从根本保障我国金融资产投资的收益水平，诱发国际投机性需求，也才能为人民币的长远价值和信心背书，让人民币被各国政府和私人部门选择储备，满足其预防性需求。最后，产业的跨区转移与重新布局（比如制造业从沿海向内地转移）能够有效缓解我国制造业传统优势弱化和传统产业贸易优势减弱的问题，沿边和沿海地区协调发展才能够使人民币跨境结算等货币国际化政策更加有效地发挥作用。

第五章

世界货币经验：对外贸易对货币国际需求的影响

主要世界货币的历史经验反映出对外贸易对货币国际需求的重要影响。本章第一节以英镑、美元和日元为例描述了这些货币获得和巩固其世界地位的过程，从经验分析中探究对外贸易的作用，同时阐述了对外贸易存在问题会动摇货币国际地位基础的观点。第二节则是以前文的理论部分为基础，对应选择对外贸易在货币国际需求影响中的重要方面进行实证考察，通过美元、欧元、英镑、日元、加元、瑞士法郎及澳元等7种主要世界货币的面板数据实证检验了对外贸易规模、贸易差额和贸易产品差异度几个路径对国际货币需求的影响。第三节对实证结果进行总结，并对人民币特例做出可参考性评价。本章的目的主要有二：一是为了通过主要世界货币经验考察前文理论分析假设是否与实证结果相符；二是为人民币国际化中对外贸易影响分析起到一定的对照比较和借鉴。

第一节 对外贸易与主要国际货币的地位获得

主要国际货币的历史经验显示货币国际化与发行国的对外贸易密不可分。世界主导货币从英镑到美元，以及日元等其他获得一定世界地位货币的经验都显示，国际贸易在其国际需求产生与增长、国际地位的确定中起着至关重要的作用。

英镑最早成为国际货币就是当时世界贸易发展需求及货币搜寻下的结果。15～17 世纪，在大航海时代，葡萄牙、西班牙等列强统治海洋，开辟了巨大的贸易通道，促进了欧洲国际贸易的发展。在当时黄金已经难以满足扩大的贸易结算需求，因此市场需要一种能够替代黄金的国际货币。在货币的搜寻和选择中，英镑逐渐获得了优势地位，最终成为重要的国际货币。

英镑的地位获得是基于工业革命带来的英国经济飞跃、对外贸易的高速发展和金融业的盛行的。19 世纪 60 年代，第一次工业革命从英国开始，英国建立了以蒸汽机为动力的世界领先的工业体系。随着工业革命建立的工业体系，英国成为当时的"世界工厂"，经济也发生了质的飞跃。作为第一个机械化生产国家，它为国际市场提供了大量的产品，使自己在海外贸易中处于主导地位。与此同时，积极开始实施自由贸易政策，减少贸易限制，巨大的贸易量增加了国际市场对英镑的需求。一方面，英国是世界上主要的原材料进口国，许多国家的出口商为了出口都选择英镑定价。另一方面，英国利用发达的工业体系把原材料加工成世界其他地区所需的工业制成品对外出口，利用出口产品优势引发英镑需求。当时的贸易顺差也使英国积累了大量财富，促进英镑在国际资本市场上流通、使用和储备，同时带动了金融业的发展，使伦敦成为国际金融中心，其金融业的发展和英镑币值的稳定为英镑国际化提供进一步的保证。

美元替代英镑成为世界第一货币的经验同样显示对外贸易的货币国际需求创造。美国对外贸易的发展是美元地位的重要保证，也更是美元实现国际循环的重要路径。此外，美元地位的动摇也一定程度反映了贸易问题会成为影响货币国际地位的问题。

纵观世界货币制度变迁，从布雷顿森林体系到牙买加体系，美元国际化可以分为两个阶段：第一个是历史阶段，即美元在美国获得国际贸易优势，成为并巩固世界第一国际货币地位的阶段；第二个是美元地位受到一定动摇的阶段。下面进一步阐述美元经验中的对外贸易影响。

19世纪末的第二次工业革命使资本主义国家工业由轻工业主导转换为重化工业主导，之后较长时间，重化工产品市场均为卖方市场，其高回报率使美国、法国、德国、意大利、日本等的资本主义国家获得经济的迅速增长。在此阶段，美国经济尤为突出，其工业生产增长逐渐超过了英国、法国等国，截至1929年美国工业总产值超过英国、法国、德国、日本四国的工业产值之和，占世界总产值近一半。美国的经济迅猛增长带来美元地位大幅提升，在第二次世界大战后，其他国家的经济遭到破坏，英国经济衰退使英镑地位下滑。美元借此机会登上国际舞台，依靠出口国际市场急需的高附加值工业制成品和用美元对外投资使国际市场对美元需求激增，国际影响力大大增强。基于美国强大的经济实力、外贸规模、贸易结构和金融发展的明显优势，1944年，以美元为中心的布雷顿森林体系形成，美元获得了国际中心货币的地位。

但是，布雷顿森林体系的特点使美国面临在黄金生产停滞、国际收支长期逆差中难以平衡的"特里芬难题"，20世纪70年代布雷顿森林体系崩溃，美元国际地位相对衰落，但是由于没有出现足以与美元相抗衡的其他国际货币，美元仍是国际贸易和国际金融市场的主要计价货币和交易媒介。

随着重化工业在资本主义社会的迅速发展，世界总体产能从不足转为过剩，部门利润率下滑，导致美国经济和美元地位都面临挑战。美国与其他国家一样面临工业主义即将过时的窘境，还面临德国、日本、法国、意大利等国的竞争威胁，这些国家生产能力的迅速发展不但威胁美国在这些产业中的出口地位，甚至使美国国内市场都面临被挤占的风险。尤其在20世纪70年代的两次石油危机后，巨幅上升的石油价格给所有重化工业国家以沉重打击，资本主义国家经济纷纷进入严重的下行周期，美国调整产业结构调整成为必然。在这样的背景下，美国进行新一轮的产业结构调整，转向把培养服务业成为新主导产业，在服务业中寻找新的经济增长点。于是，在20世纪80~90年代初期，开始压缩制造业，对资本和劳动力在产业间重新配置，将劳动力密集和对低技术含量的制造部门转移出去，同时加大技术和产品创新，进行产业升级。最终，美国制造业总体萎缩，由第二产业主导转化为第三产业主导，金融、信息等服务业逐渐成为美国经济新的支撑。

在这个阶段，美元的国际循环模式是：一方面，美国通过在对外贸易中引导竞争能力较强的行业自由贸易，对竞争力弱的行业采取贸易保护政策。同时依靠经济政治地位提高知识密集型产品和服务的价格水平，压低劳动密集型产品和服务的价格水平，以提高出口创汇能力，减缓进口的货币输出压力。另一方面，由于当时美国的金融衍生工具相对有限，主要利用利率和汇率手段帮助美元回流。但是，高利率与美元升值又会使美国的出口商品国际竞争力下降。在这期间，随着美国经济政策调整、国际协调加强以及国际货币制度惯性等因素，美元地位恢复且巩固。所以，1978年开始的牙买加体系虽然摒弃"双挂钩"制度，但美元依旧保持国际货币体系的中心地位，表现为：是大多数国际贸易的计价单位、大多国家选择的"名义锚"、国际债券的计价货币，同时也是各国官方储备中的主要货币。

所以从美元地位获得和巩固来看（见表5-1），美元国际化初期，美国通过产业发展优势，迅速扩大出口，引导外部美元结算增强美国国际需求，增加美元的国际流量和海外存量。在美元已经获得稳固的国际地位之后，一方面，美国在进出口上依然保持着世界最前列的巨大规模，从规模上保证美元的国际需求。另一方面，出口化工产品、机械、汽车、飞机、电子信息设备、武器、食品、药品等国际差异性大的商品，进口食品、服装、机械、钢材、纺织品、石油、天然橡胶以及锡、铬等金属等差异性小的商品，在这样的贸易结构中强化美元的国际使用。

20世纪90年代后，美国高新技术产业快速发展，传统产业生产规模继续缩小，钢铁、石化、汽车等原有主导地位逐渐被信息和通信、生命科学与生物工程、新材料与新能源等新兴产业所替代。并且，美国经济呈现高级且空心化、金融化，成为美元地位下滑的重要原因。美国的产业结构空心化使美国对生产和消费资料的需求外移，经常账户长期巨额赤字，造成美元大量外流。且随着美国经济的总体膨胀，美元外流量会越来越大，而美国要维持这样的经济结构，维国内需求的国际支付，就必须让流出的美国能够回流，构建美元国际大循环。于是，美国开始利用金融手段，借助信息产业增长，通过预期收入资本化，吸引境外主体投资美元金融衍生产品，即通过虚拟经济使美元回流，实现美元的国际循环。

表 5 – 1 美元的地位获得与巩固

时间	美元国际化阶段	世界货币体系	世界经济背景	美国产业发展与贸易	贸易与金融：美元循环
19 世纪末后	美元成为第一位世界货币	布雷顿森林体系	第二次工业革命，世界大战；欧美国家重视重化工业	重化工业发展迅速，获得出口优势，美国获得世界经济霸主地位	二战后向同盟国提供商业贷款以支持其重建，再由各国政府向美国私人投资者借贷美元来偿还贷款，实现了最原始的国际循环
20 世纪70 年代开始	"特里芬难题"下的美元地位维持	牙买加体系	重化工业产能过剩	转移、压缩制造业，发展服务业；贸易与对外投资增长	农业、高科技优势行业自由贸易；提高科技密集型产品出口价格；高利率、提高汇率引导美元回流
20 世纪90 年代到2001 年	美元地位维持，构建新的全球循环框架	牙买加体系	资本主义社会产业向高级化发展、金融市场发展迅速	高新技术、IT 产业迅猛发展；高新技术产业出口增长；实体经济与虚拟经济并重	以信息经济所成就的经济增长点为基础，进行金融衍生品创造，并且在世界范围内推动资本自由流动，以金融市场吸引美元回流
2001 年至今	产业空化、虚拟化下的美元地位新挑战	牙买加体系	互联网信息泡沫破灭；2008 年全球金融危机爆发	大力发展房地产业和金融业主导，虚拟经济占比过高	贸易输出，金融投资回流。虚拟经济主导美元循环

2001 年初以来，互联网信息泡沫破灭，美国的实体经济再次受创，市场信心动摇。美国为了刺激经济，大力发展房地产业和金融市场。通过利率下调推动房地产市场发展，投资银行又以住房贷款为基础进行资产证券化，创

造出对应支持证券、担保债务凭证等金融衍生品，再借助金融市场吸引国外投资者投资这些金融衍生品，实现美元资金回流。美元循环状态为：美国通过发行美元、发行美元证券融资来维持其储蓄赤字、财政赤字及贸易赤字；对于其贸易对象国来说，通过贸易盈余赚取美元，通过发放本币获取美元形成本国的外汇储备，这些美元储备又以购买美国金融产品的形式返回美国。但是避实向虚的经济模式使美国经济和美元地位都面临严重的挑战，虚拟经济一旦崩溃，美国庞大的贸易赤字会迅速地使之面临巨大的经济风险。并且美元贸易投放、金融回流的美元国际循环模式也会使美国的流动性乃至全球流动性增加，成为全球性经济危机的风险因素，2008 年从美国开始的全球性金融危机就是该逻辑的印证。

再看日元，由于日元与人民币都是亚洲货币，且日元不同于英镑、美元，有一定国际化水平，但在世界货币体系中没有获得主导地位，所以不少学者认为日元经验对人民币国际化更具有参考价值，如殷剑峰（2011），潘理权、何春联（2011），贾宪军（2014）等不少学者都在人民币国际化问题中对照日元进行了研究。日元的国际地位也直接得益于日本的对外贸易。日本是一个资源紧缺的国家，但其出口规模居世界前列，尤其高新技术产品出口占比高，在国际贸易中占据了优势地位。

第一次世界大战中，日本经济迅速发展。1914～1919 年，日本工业国内生产总值增长了近四倍，贸易增长了三倍以上，从贸易逆差国变成了贸易顺差国。第一次世界大战后，日本从债务国转变为债权国，为日元国际化奠定了坚实的经济和贸易基础。第二次世界大战后，日本经济遭受了很大的损失，但日本的工业基础和技术得以保留。战后，随着朝鲜战争和越南战争的爆发，在美国的支持下，大量的战争物资就近从日本采购，有效地促进了日本产能的对外需求，日本国内经济迅速复苏。1955～1973 年成为日本经济增长的"黄金时代"，年增长率为 9.8%。1967 年，日本以美元计算的国内生产总值超过英国和法国，1968 年超过德国，成为世界第二大经济体。同时，日本贸易规模增长迅速，顺差扩大，且在重工业和化学工业具有较高国际优势竞争力，1966～1971 年，日本出口年增长率达到 20%，是当时世界贸易增长率的两倍。1970 年，国际经合组织的经常收支盈余为 39 亿美元，日本为 20 亿美元。1971 年，日本重化工业占其出口总额的 65%。贸易差额方面，当年经合组织的顺差为 74 亿美元，其中日本达到 58 亿美元。1972 年，日本工业国内生产总值占美国的 49%，居世界第二位，在工业产品生产中，日本船舶、商用车、收音机和电视机的产量居世界第一，钢铁、汽车、家电、重型电机、工业机械、化工、水泥等行业企业规模居世界前列，劳动生产率和资本装备率接近美国水平。[①] 生产和贸易优势使日元国际化具备一定条件。

牙买加体系建立后，国际货币体系呈现多元化，日元在国际货币体系中的地位受到更多关注。日本在进出口贸易结算中使用日元的比例增加，日元在国际储备中的比重也有所提高，尼日利亚等一些国家也开始使用日元作为国际储备货币。20 世纪 80 年代以后，日本政府开始积极提升日元国际化程度，出台了一系列有利于日元离岸金融市场国际化的具体措施，进一步推动日元国际化。

然而，最终日元国际化并不算成功，根据中国人民大学国际货币研究所发布的 RII 指数看，日元国际化水平目前只是略高于人民币，与英镑、欧元都有断层差距。究其原因，除了金融原因，贸易也阻碍了日元国际化。第一，20 世纪 80 年代，日本没有建立以本国的跨国企业为核心的全球产业链条，结算货币的选择难以由国内企业来决定。尤其是在日美贸易关系中，美国企业通过直接投资进行大量的 OEM 生产控制着日本的贸易链，销售渠道和价格由在美国企业决定，日本 OEM 企业仅仅负责加工和生产，无法要求其美国上游企业使用日元结算。这一点和我国现在的情况很像，我国过多的代加工产品，导致虽然出口量大，但实际定价权是外国投资企业控制。第二，是市场占有率目标太强，国内企业缺乏用本币结算的动力。日元在国际贸易中追求市场份额的战略目标，削弱了日本企业使用本币结算的动力，日本企业使用过多的贸易对应货币结算，不利于推动日元国际化。第三，日本缺乏资源，严重依赖进口原材料。日本国土面积狭小，国内自然资源极为稀缺，所以大量的生产发展原材料严重依赖进口，这些商品在国际市场上大多以美元计价，

---

① 内野达郎. 战后日本经济史［M］. 赵毅，李守贞，李春勤，译. 北京：新华出版社，1992：202－235.

因此日本在贸易中的美元比例很高，阻碍了日元的国际化，这一点是日元国际化长期面临且难以突破的障碍。这一经验对人民币有重要的借鉴作用，因为中国的对外贸易现状就与当时日本的对外贸易特征有许多相似之处。

通过上述对英镑、美元和日元的分析，可以看到对外贸易是货币国际化的重要基础，即使金融渠道成熟后，对外贸易仍然是不可忽视的方面。

第二节　对外贸易因素对货币国际需求的影响实证

一、实证目的与假设提出

第三章理论部分已经提出关于贸易规模、贸易差额和贸易产品差异度对本币国际需求影响的假设。包括：本国贸易规模扩大促进本币国际需求增长；贸易差额顺差在货币国际化初级阶段有利于促进本国货币需求增长，但是在货币高级阶段影响是负的；贸易产品差异性提高有利于本币国际需求增长。基于前文关于对外贸易对货币国际需求影响的机制与路径分析，本部分对世界货币经验进行实证分析，检验理论分析所提出的假设。

除了上述主要假设外，本章也对其他因素的影响提出假设一并检验：第一，经济规模增长对货币国际需求有正作用，即：经济规模是货币国际化的根本保障；第二，一国金融发展程度越高，越有利于该国货币国际需求正增长；第三，货币的对内价值（通胀率、利率）变化对影响货币国际需求，购买力的下降、利率的降低会减少货币国际需求；第四，货币对外价值影响货币的国际需求。货币对内和对外的价值提升对货币国际需求正向影响，价格波动性对货币国际需求负向影响。

二、研究方法、模型建立与数据来源

理论部分已经分析，货币的选择与需求增长存在惯性，货币国际化水平

受到包括自身在内的许多因素决定，所以需要引入被解释变量的滞后项，因此本书构建的是动态面板数据模型。本书选择系统 GMM 模型[①]进行回归分析，分析软件应用 STATA。动态面板数据是对静态面板数据的补充，将静态面板数据引入解释变量的滞后变量来反映模型的动态滞后效应。而对于动态面板数据的估计，艾瑞拉和邦德（Arellano & Bond，1991）提出以基于动态面板的广义矩估计；布鲁德和邦德（Blundell & Bond，1998）结合一阶差分和水平方程完善一定矩条件形成了系统广义距估计。选择使用系统 GMM 模型可以有效控制内生性问题，提高估计效率。实证时先进行数据平稳性检验、自相关性检验等检验。然后再进行 SYS-GMM 估计，对结果进行分析。模型一般形式可表示为：

$$Y_{it} = a_{it} + b_{it} Y_{i(t+1)} + c_{it} X_{it} + \varepsilon_{it}$$

其中，X_{it} 为解释变量向量，Y_{it} 为被解释变量向量，$Y_{i(t+1)}$ 为其滞后项，a_{it} 为常数项向量，b_{it} 是滞后项的系数向量，c_{it} 为对应的解释变量向量的系数向量，ε_{it} 是随机扰动项向量。i 和 t 为面板数据的截面和时间两个维度。

根据理论分析和检验目的，构建模型如下：

$$IND_{it} = a_0 + a_1 \times L. IND_{it} + a_2 TS_{it} + a_3 TC_{it} + a_4 TV_{it} + a_5 \times CONTROL_{it} + \varepsilon$$

其中，$L. IND_{it}$ 为因变量的滞后项；TS 为贸易规模；TC 为贸易差额；TV 为贸易产品差异度；$CONTROL_{it}$ 为控制变量。

三、数据选取与来源

本章实证选择国际化程度排列靠前的 7 种货币及发行国数据，所选货币为美元、欧元、英镑、日元、瑞士法郎、加元、澳元。这 7 种货币国际化程度高且比较稳定，在国际货币基金组织（IMF）的外汇储备中，这 7 种货币

[①] 艾瑞拉和博韦尔（Arellano & Bover，1995）的系统 GMM 法使用被解释变量的差分形式，引入工具变量矩阵来解决差分 GMM 估计的弱工具变量问题。

合计构成约其储备总额的 89.6%[①]。由于欧元 1999 年才开始在欧盟各成员国范围内正式发行，所以选取相关数据从 2000 年开始。

因变量说明：学者常用国际清算银行（BIS）数据库衡量融投资职能、外汇期权及期货合约金额数据（按计价货币）衡量投机需求、环球同业银行金融电讯协会（SWIFT）月度统计报告公布的国际支付货币比例可以衡量交易需求。本书选择的是全球官方外汇储备占比（currency composition of official foreign exchange reserve，COFER），原因是相较于货币结算数据、外汇期权及期货合约金额数据记录，国际货币基金组织（IMF）统计的 COFER 数据更加完整，一方面记录时间长，另一方面数据完整并且不容易因为记录口径和方法有数据问题，同时国际储备货币占比与国际货币其他职能表现具有平行关系。

自变量为与国家对外贸易相关的三个指标：

（1）贸易规模（TS）。本书使用国家进出口总额占世界进出口总额的比重作为衡量国家贸易规模的变量，该比值越大，说明该国贸易规模越大、在全球贸易中的参与度越高。

（2）贸易差额（TC）。本书采用进出口差额（出口额减去进口额）占进出口贸易总额的比重作为贸易差额。这个指标一方面可以显示贸易差额，另一方面可以从一定角度反映以出口衡量的发展中国家贸易竞争力变化。在早期的研究中，学者把该指标作为判断一国是否具有总体贸易竞争力的指数，认为出口高于进口是国家贸易竞争力强的表现，但是随着世界经济发展与变迁，贸易中的产品结构和价值链地位等“质”的问题成为贸易竞争力评价中更受重视的方面，单纯从出口规模大的角度判断国际贸易的竞争力是不够的，尤其对于发达国家是不科学的。并且贸易差额与贸易总额的相对值，剔除了经济膨胀、通货膨胀等宏观因素方面波动的影响，该指标均在 −1 ~ 1 之间，该指数为 −1 时表示只进口不出口，该指数为 1 时表示该产业只出口不进口，等于 0 时表示贸易收支平衡。

---

① 数据源于 IMF 网站：http：//data. imf. org/？sk = E6A5F467-C14B-4AA8-9F6D-5A09EC4E62A4。其中，美元约占 57.9%、欧元约占 18.8%、英镑约占 4.2%、日元约占 5.2%、加元约占 1.8%、澳元约占 1.6%、瑞士法郎约占 0.14%，该数据为 2019 年第三季度数据。

（3）贸易产品差异度（TV）。本书使用高技术产品出口额占制成品出口额的比重为国家贸易产品差异度的代理变量，该比重越高，表示该国出口产品的国际差异程度越大。

本书将经济规模、直接投资规模、通货膨胀水平、实际利率、汇率波动性、金融发展程度纳入模型，作为控制变量。这些因素的选取是基于文献综述和理论部分的分析。一国货币的国际需求一部分是通过规模效应产生，经济总量是货币国际化的必要条件。直接投资规模增长会影响本国货币国际需求，但是影响有正面也有负面的力量，故不预设关系。一国较高的通货膨胀水平会降低其主权货币购买力下降，使货币本身及相关资产价值缩水，从而不利于该种货币的国际需求。引入实际利率，因为利率是资本的价格，国家之间利率差异是国际资本流动的重要原因，一般来说，利率提高会意味着本币资产收益水平，使本币资产具有国际吸引力，从而吸引他国资本流入、增加本币的国际需求。汇率波动性包括汇率变动的幅度和频率两个方面，是反映汇率风险的一个重要的测度指标，汇率波动性越大，汇率风险越高，外币资产和负债暴露头寸面临的风险就会越大，国际市场对该种货币的需求就会减少；反之，汇率风险越小，就越有利于货币国际需求产生。引入金融成熟度，因为一国金融市场对货币国际需求很重要，成熟的金融市场为货币持有者提供健全安全的投资场所，也是该种货币金融资产的流动性的重要保障，本书选择了广义货币 M2 与 GDP 的比值作为变量，可以比较综合地反映一国金融市场的广度与深度。最后是货币惯性，一国货币获得国际货币地位是其发行国政治、经济、军事等综合实力的结果，当某货币成为国际货币后，市场参与者会不断使用该种货币，长期以来使用某种货币，会存在路径依赖，从而具有某种"惯性"（inertia），并且由于网络效应等影响，会让这种惯性自我强化，导致即使出现了更好的国际货币选择，都难以打破这种习惯、转移货币选择。参考琴和弗兰克尔（Chinn & Frankel，2008）的做法，使用自变量的一阶滞后项来代理作为国际货币的惯性，预期其符号为正。

原始数据均源于权威国际性组织与机构的数据库和发布报告，本书具体数据来源为世界银行世界发展指标数据库（WDI）、国际货币基金组织国际金融统计数据库（IFS），部分数据整理于 EPS 数据整理平台。在数据获得性基础上，最终选择变量的时间跨度为 2000～2015 年。变量汇总如表 5－2 所示。

表 5－2 模型选取变量说明

变量符号	代表意义	代理变量	数据来源
IND	货币需求程度	官方外汇储备的货币构成比例	国际货币基金组织国际金融统计数据库
TS	贸易规模	货币发行国进出口额占世界份额	根据世界宏观经济数据库贸易数据计算
TC	贸易差额	（出口额－进口额）/（出口额＋进口额）	根据世界宏观经济数据库贸易数据计算
TV	贸易差异度	高技术出口占制成品出口的比重	世界发展指标数据库
L. IND	货币使用惯性	货币国际选择（因变量）的一阶滞后项	通过 IMF 统计数据间接计算
GDP	经济规模	国内生产总值	EPS 数据平台
FDI	直接投资	外商直接投资实际发生额	EPS 数据平台
INFL	通货膨胀率	通胀（平均消费者价格）—指数	EPS 数据平台
INTST	利率	实际利率	EPS 数据平台
FXVAR	汇率波动性	根据货币有效汇率指数季度数据计算方差	通过 EPS 数据平台的各国货币有效汇率指数计算
FINAN	金融发展程度	广义货币占国内生产总值比重（%）	EPS 数据平台

下面实证主要分析贸易相关的几个重要特征对排位靠前的主要世界货币的国际需求的影响进行分析，主要分析贸易规模、贸易差额和贸易差异度三个因素的作用。

四、实证检验结果

在模型估计前，本实证先进行一系列的统计检验，包括面板单位根检验、相关性检验等。具体操作为进行初步 OLS 回归，检查自变量的多重共线性，然后利用静态面板模型考察个体异质性和时间异质性，然后基于惯性因素考虑，加入滞后项，进行系统 GMM（SYS-GMM）模型构建和检验分析。

本书所使用的动态面板 SYS-GMM 估计中包含了一阶差分程序，可以保证变量的平稳性特征。相关性分析显示，所选择的解释变量与因变量之间大部分具有较好的相关性，且大部分在 5% 的显著性水平下通过了 pearson 检验，即纳入回归方程的变量是具有研究意义的。多重共线性问题会导致方差增大，通过检验方差膨胀因子 VIF 来进行检验，如果 1 < VIF 值 < 10，且 0.1 < 容差值 <1，则能判定解释变量相互之间不存在可能干扰回归结果的多重共线性问题。本书方程中模型的变量间膨胀因子都符合这一规则，均值为 5.02 均小于 10，解释变量间不存在多重共线性。并且在进行 Hausman 检验后，认为固定效应模型应该优于随机效应模型。

表 5 - 3 为对数据进行 SYS-GMM 实证的结果。

表 5 - 3　　　　　基于多国动态面板 SYS-GMM 的主要实证结果

变量	(1)	(2)	(3)	(4)
	GMM1	GMM2	GMM3	GMM4
L. IND	0. 787 *** (0. 043)	0. 951 *** (0. 022)	0. 997 *** (0. 016)	0. 660 *** (0. 043)
TS	0. 631 *** (0. 139)			1. 057 *** (0. 129)
TC		- 0. 776 * (0. 463)		- 0. 937 * (0. 316)
TV			0. 161 ** (0. 069)	0. 180 ** (0. 070)
GDP	- 8. 46e - 06 (8. 37e - 06)	6. 51e - 06 (1. 31e - 05)	8. 69e - 06 (7. 06e - 06)	6. 06e - 06 (8. 62e - 06)
FDI	- 1. 07e - 05 * (3. 12e - 06)	3. 23e - 06 (2. 72e - 06)	8. 26e - 07 (3. 68e - 06)	- 3. 71e - 06 (3. 85e - 06)
INFL	- 0. 032 * (0. 017)	0. 004 (0. 015)	- 0. 012 (0. 010)	- 0. 089 *** (0. 013)

变量	(1) GMM1	(2) GMM2	(3) GMM3	(4) GMM4
INTST	0. 217 *** (0. 066)	0. 251 *** (0. 074)	0. 175 *** (0. 049)	0. 151 *** (0. 049)
FXVAR	0. 145 ** (0. 057)	0. 159 ** (0. 064)	0. 0991 ** (0. 041)	0. 181 *** (0. 042)
FINAN	0. 0103 * (0. 008)	0. 00970 * (0. 008)	0. 00470 * (0. 005)	0. 0229 ** (0. 006)
常数项	5. 780 *** (2. 209)	− 2. 085 (1. 739)	− 0. 407 (1. 563)	8. 447 *** (1. 823)
AR(1)	0. 018	0. 026	0. 022	0. 012
AR(2)	0. 216	0. 202	0. 202	0. 221
Hansen test	0. 126	0. 192	0. 216	0. 216
Difference-in-Hansen	0. 216	0. 192	0. 236	0. 261

注：AR(1) 和 AR(2) 表示 Arellano Bond 一阶和二阶自相关检验。Hansen 检验是过度识别限制条件的 Hansen Chi^2 检验。括号中的数值是上述检验的标准误。*** 代表显著性水平为 1%，** 代表显著性水平为 5%，* 代表显著性水平为 10%。

如表 5 - 3 所示，本书对模型 GMM1 到模型 GMM4 进行系统 GMM 估计，模型 (1) 包含了贸易规模和控制变量的模型，模型 (2) 的主要自变量则为贸易差额，模型 (3) 包含了贸易产品差异度，而模型 (4) 包含了所有的自变量。

使用 SYS-GMM 估计的重要前提是扰动项无自相关，当扰动项的差分存在一阶自相关而不存在二阶自相关时，可接受"扰动项无自相关"的原假设。方程最后 AR(1)、AR(2) 分别表示一阶、二阶差分方程的残差序列，AR(1) 检验了残差一阶不相关的零假设，AR(2) 检验了残差二阶不相关的零假设，该系统 GMM 回归结果中 AR(1) 的 P 值小于 0. 1，且 AR(2) 的 P 值大于 0. 1，则可判断模型接受存在一阶自相关性，拒绝存在二阶自相关性的假设。此外，Hansen 统计量检验残差序列是否具有自相关性，若 Hansen 统计量的 P 值大于 0. 1，则表明模型较好地消除了内生性问题。

此外，结果显示 GMM 模型（1）到模型（3）和模型（4）各变量的估计结果是接近的，这说明模型（4）的估计结果是稳健的，结果分析主要是基于模型（4）的估计值。

首先，一阶滞后被解释变量的系数为正数且在 1% 显著性水平下统计显著的，表明货币国际需求受到上期需求的影响，证实了前文所论述的货币需求惯性的特点。

其次，贸易规模、贸易差额、贸易产品差异度均是显著的，但作用方向和程度存在差异。具体来说，贸易规模在 1% 显著性水平下统计正显著，系数表示当贸易总规模增长 1% 时，会使货币的国际需求增长约 1.057%，表明贸易规模增长会提高本币国际需求，并且确实存在一定的乘数效应；贸易差额在 10% 显著性水平下统计负显著，该结果表明贸易差额的提高相反不利于本币国际需求，这与理论分析相符，前文阐述了在货币国际化的高级阶段（或称后期）顺差对本币国际需求不利，而贸易逆差下的国际收支路径可以促进货币国际需求的产生；贸易产品差异度的系数为正且在 5% 下统计显著，表示当一国（出口）贸易产品差异度增加 1% 时，本币的国际需求会增长约 0.18%，表示以出口产品差异度的提升会对本币国际需求增长有促进作用。

再次，结果也显示出通货膨胀水平、利率水平、汇率波动率、金融发展程度都显著影响货币的国际需求，而国民收入和对外直接投资影响不显著。其中，通货膨胀率对本国货币需求是负影响，通货膨胀高，降低了本币每单位货币的价值，且动摇了外部市场对本国货币的信心。汇率波动性对货币的国际需求也是负影响，汇率波动率越大，本币的国际需求越小，同样也主要是因为波动带来更大的汇率风险和持有成本，所以减少需求。金融市场的发展程度则会对货币国际需求有促进作用。然而，国内生产总值（GDP）影响不显著，反映出经济规模大并不是货币国际化的充分条件，现实中我国 GDP 的大规模无法直接带来人民币的国际需求。外商直接投资（FDI）对货币国际需求影响也不显著，其原因可能是跨国经营企业会偏好选择母国货币进行储藏、交易，转移定价尽可能使用母国货币。

最后，需要对该模型进行稳健性分析。本部分的稳健性分析是采用部分样本的数据进行检验，用 2008～2015 年的数据进行稳健性检验，如果结果与之前一致性高，则表示模型具有较好的稳健性。稳健性检验结果如表 5－4 所示。

表 5－4　　　　　　　　　　　模型稳健性检验结果

变量	(1) GMM1	(2) GMM2	(3) GMM3	(4) GMM4
L. IND	0.794 *** (0.04)	0.960 *** (0.020)	1.004 *** (0.014)	0.753 *** (0.035)
TS	1.450 *** (0.013)			2.010 *** (0.096)
TC		− 0.937 * (0.044)		− 0.615 * (0.030)
TV			0.977 ** (0.065)	1.094 ** (0.064)
GDP	− 8.83e − 06 (8.27e − 06)	1.05e − 05 (1.23e − 05)	3.48e − 06 (6.38e − 06)	1.16e − 05 (7.83e − 06)
FDI	− 1.01e − 05 * (3.07e − 06)	4.83e − 06 * (2.32e − 06)	6.41e − 06 (2.17e − 06)	− 9.52e − 06 (3.11e − 06)
INFL	− 0.030 ** (0.014)	− 0.004 (0.013)	− 0.016 * (0.009)	− 0.058 ** (0.010)
INTST	0.215 *** (0.063)	0.226 *** (0.072)	0.146 *** (0.048)	0.191 *** (0.046)
FXVAR	− 0.185 (0.254)	− 0.353 (0.290)	− 0.131 (0.218)	− 0.442 ** (0.214)
FINAN	0.144 *** (0.050)	0.126 ** (0.057)	0.083 ** (0.039)	0.180 *** (0.039)
常数项	4.106 ** (1.897)	− 0.940 (1.740)	− 1.631 (1.709)	5.559 *** (1.828)
AR(1)	0.018	0.046	0.044	0.014

续表

变量	（1）	（2）	（3）	（4）
	GMM1	GMM2	GMM3	GMM4
AR（2）	0.416	0.404	0.404	0.421
Hansen test	0.146	0.194	0.216	0.416
Difference-in-Hansen	0.236	0.195	0.236	0.422

注：AR（1）和 AR（2）表示 Arellano Bond 一阶和二阶自相关检验。Hansen 检验是过度识别限制条件的 Hansen Chi² 检验。括号中的数值是上述检验的标准误。*** 代表显著性水平为 1%，** 代表显著性水平为 5%，* 代表显著性水平为 10%。

结果显示，主要变量的回归系数符号和显著性和之前的 SYS-GMM 结果一致，其他主要控制变量的符号和显著性也变化不大，说明该 SYS-GMM 回归结果具有较好的稳健性。

第三节　实证小结

通过对世界货币的实证分析，得到的主要结论和启示为：第一，一国贸易规模增加对本国货币的国际需求有促进作用，也就是对于已经处于主要世界货币地位行列的货币，虽然其市场地位已经比较稳定，但是其发行国仍需要努力保持其贸易规模，甚至进一步增长以稳定本币国际需求，防止在不断的货币竞争中被替代。第二，一国贸易产品的差异度提高，尤其是出口产品的差异度提高，有助于本国货币的国际需求的产生与增长，所以在日益激烈的世界市场的竞争中，国际货币发行国需要不断提升研发水平、生产能力和服务水平以维持和其他国家出口产品之间的结构和质上的差距。第三，对于实证中这些已经取得较高世界地位的货币，贸易差额与本币国际需求负相关，说明在本币国际化的后期，过大的净出口不利于本币国际需求的增长，相反进口扩大是有利的，与理论分析相符，这一结果也是"中国成为进口大国可以拉动人民币国际需求"的经验支撑。

此外，实证发现因变量的滞后项影响显著且为正，证实了货币需求具有显著的惯性，这一结果与理论分析一致。意味着主要国际货币的需求有自我强化的效果，美元、欧元、英镑的地位也是难以在短期内超越的，所以人民币要提高国际化水平、扩大需求还是有困难的，需要持久的努力。

对于人民币而言，需要肯定的是，我国应该继续重视我国对外贸易规模的增长，并提高贸易产品差异度，也应该注意控制本国通胀率，并在提高汇率市场化的同时注意降低本币汇率波动率。此外，需要注意的是，世界货币的经验不能完全套用中国人民币国际化，因为货币国际化所处的世界经济发展阶段、国际背景已然不同，并且我国和这些国家宏观基本面不同，不管是美元，还是英镑、日元都是在国家已经为发达国家前列的基础上所引致的货币国际需求和地位，我们研究这些货币的影响因素，也是基于这些货币已经较长时间取得国际货币地位的条件。我国现在是经济大国，但还没有明确成为发达国家。贸易方面，我国是绝对的贸易大国，但还不算贸易强国。因此，在国际货币经验的研究基础上，需要对人民币国际需求增长问题做进一步的分析论证，探寻能够引致人民币国际需求增长的贸易路径究竟是什么。但毋庸置疑，国际货币经验依然有重要的参考价值。

第六章

中国对外贸易对人民币
国际需求的影响实证

本章是我国对外贸易对人民币国际需求影响的实证分析。第一节对我国进口、出口贸易规模以及贸易产品差异对人民币国际需求的影响进行实证，有助于对世界一般经验和人民币特殊经验进行比较。第二节在前文理论机制分析基础上，对贸易产业进行细分，实证异质产业贸易对人民币国际需求影响差异，并进行比较分析。

第一节　对外贸易对人民币
国际需求的影响

本部分主要考察对外贸易对人民币国际需求的影响，包括出口规模和进口规模、贸易产品差异性对一国货币的国际需求的影响。

本节用进口规模和出口规模替代贸易总量来进行考察。出口的作用从国际货币出现以来都一直被高度重视，经典研究认为，如果在出口贸易中其他国家需要用出口商所在国货币计价和结算，就会对该国货币产生直接需求。当这种需求达到一定规模，则会刺激该货币离岸市场的快速发展。并且在私人部门和政府为了保证交易连续性和稳定本币汇率的动机下，形成储藏需求。进口对货币国际化的作用逐渐受到更多关注。目前主要的世界货币发行国进口额几乎都大于出口额，国际收支中为贸易逆差，不少学者认为，货币国际化程度越深，进口对该货币的国际需求拉动作用越强。一方面，进口量大说明国家内需大，有巨大的消化国际市场产品的能力，作为重要的消费终端必然受到国际重视。另一方面，进口大国比较容易获得更强的议价能力，处于贸易定价的主导地位，进而可以输出本国货币。在不断输出下，外部市场的本国货币达到一定水平，在未来进口时也支付该种货币，从而该货币从贸易中形成货币国际循环，最终逐渐成为国际货币。所以，本节在人民币的实证分析中分别考察进口和出口的影响。

一、方法与模型

本部分选择无约束的向量自回归模型（vector auto regression，VAR）进行实证，具体做法是在建立 VAR 模型基础上进行协整检验、脉冲分析和方差分解分析。选择这种方法的主要原因是：所考察所涉及数据是时间序列数据，且对外贸易和人民币国际需求上是相互影响的动态关系，而不是单向的因果关系。VAR 可以分析随机扰动对变量系统的动态冲击，被认为描述变量间动态关系的一种实用的方法。

滞后阶数为 p 的无约束 VAR 模型表达式为：

$$Y_t = A_1 Y_{t-1} + A_2 y Y_{t-2} + \cdots + A_P Y_{t-p} + BX_t + \varepsilon_t, \quad (t = 1, 2, \cdots, T)$$

即：

$$\begin{bmatrix} y_{1t} \\ y_{2t} \\ \vdots \\ y_{kt} \end{bmatrix} = A_1 \begin{bmatrix} y_{1t-1} \\ y_{2t-1} \\ \vdots \\ y_{kt-1} \end{bmatrix} + A_2 \begin{bmatrix} y_{1t-2} \\ y_{2t-2} \\ \vdots \\ y_{kt-2} \end{bmatrix} + \vdots + A_2 \begin{bmatrix} y_{1t-p} \\ y_{2t-p} \\ \vdots \\ y_{kt-p} \end{bmatrix} + B \begin{bmatrix} x_{1t} \\ x_{2t} \\ \vdots \\ x_{dt} \end{bmatrix} + \begin{bmatrix} \varepsilon_{1t} \\ \varepsilon_{2t} \\ \vdots \\ \varepsilon_{kt} \end{bmatrix}$$

其中：Y_t 为 k 维内生变量向量；X_t 为 d 维外生变量向量；μ_t 是 k 维误差向量 A_1，A_2，…，A_2，B 是待估系数矩阵，p 是滞后阶数，t 是样本个数。

实证步骤顺序包括：先对数据进行单位根检验，检查数据的平稳性；之后检验协整关系，选择是否要差分后再进行建模；然后进行滞后期检验（使用 AIC 和 SC 准则）选择最佳滞后期，以保证所构建的残差不存在自相关，实现最有效的模型。再根据最佳滞后期构建 VAR 模型，接着对模型进行稳定性检验，通过稳定性检验后进行脉冲分析和方差分解。

二、变量说明

实证中的变量包括人民币国际需求量、我国进口规模、出口规模、贸易产品差异度，加入人民币汇率使模型结果更有现实意义[①]。数据时间跨度从人民币国际化正式启动后开始，从 2010～2018 年。数据说明见表 6-1。

表 6-1 变量说明

变量	符号	代理变量和数据处理	原始数据来源
人民币国际需求量	CNYDM	对数化处理	前文估计值
我国出口总值当期值	EXSC	对数化处理	中国国家统计局
我国进口总值当期值	IMSC	对数化处理	中国国家统计局
我国贸易产品差异度	TV	选择并计算我国海关进出口税则（2002）分类中第 16 类、17 类、18 类合计值对我国出口总值的比值*，由于是年度数据，使用 EVIEWS 进行季度化处理	中国国家统计局
人民币汇率	EXR	人民币对美元的汇率（直接标价法）	EPS 数据平台

注：*第 16 类为机器、机械器具、电气设备及其零件等；第 17 类为运输设备；第 18 类为仪器及设备等。这几类常被学者用来反映一国贸易产品的国际相对差异度。

---

① 余道先、王云（2015）等诸多研究证明了汇率也是目前人民币国际化的显著因素。本节没有参照上一章其他世界货币实证中选择汇率波动性，而选择人民币汇率的原因是：我国汇率市场化程度还不高，波动性不大，而人民币相对其他货币升贬值对现阶段人民币国际需求影响更为重要。

三、实证检验

（一）单位根检验

避免造成伪回归问题，对时间序列进行实证分析首先要检验数据的平稳性，画出原序列的图形判断是否加入常数项或者时间趋势项后，进行 ADF 检验。ADF 检验结果如表 6 - 2 所示。

表 6 - 2　　　　　　　　　　变量 ADF 检验结果

变量	ADF 检验值	临界值（5% 水平）	P 值	是否平稳
CNYDM	- 0.5607	- 2.9484	0.8667	不平稳
EXSC	- 2.0594	- 2.9718	0.2615	不平稳
IMSC	- 2.3046	- 2.9639	0.1771	不平稳
TV	- 2.3145	- 2.9484	0.1732	不平稳
EXR	- 1.9894	- 2.9511	0.2898	不平稳
D(CNYDM)	- 5.3585	- 2.9511	0.0001	平稳
D(EXSC)	- 2.3977	- 1.9520	0.0182	平稳
D(IMSC)	- 2.2057	- 1.9520	0.0285	平稳
D(TV)	- 5.7084	- 2.9511	0.0000	平稳
D(EXR)	- 3.4045	- 1.9510	0.0013	平稳

在对变量序列的单位根检验中，除人民币国际需求以外，其余的原序列在 95% 的置信水平下表现出不平稳，P 值大于 0.05。所有变量的一阶差分后在 95% 的置信水平下平稳。因此本书采用序列数据 D(CNYDM)、D(EXSC)、D(IMSC)、D(TV) 和 D(EXR) 建立 VAR 模型。根据 AIC 和 SC 取值最小的准则，在多次检验和比较后将变量滞后期数确定为二阶。

回归结果如下：

$$
\begin{bmatrix} DCNYDM_t \\ DEXSC_t \\ DIMSC_t \\ DTV_t \\ DEXR_t \end{bmatrix} = \begin{bmatrix} 0.8203 & 0.3033 & 0.6212 & 1.1982 & -0.2165 \\ 0.3389 & -0.2748 & 0.3128 & 0.1511 & 0.5361 \\ 0.3688 & -0.6580 & 0.4887 & -2.9618 & 0.1638 \\ 0.0025 & 0.0049 & -0.0086 & -0.1998 & 0.0022 \\ -0.0872 & -0.2225 & 0.3214 & 3.4026 & 0.5640 \end{bmatrix} \begin{bmatrix} DCNYDM_{t-1} \\ DEXSC_{t-1} \\ DIMSC_{t-1} \\ DTV_{t-1} \\ DEXR_{t-1} \end{bmatrix}
$$

$$
+ \begin{bmatrix} 0.9991 & 0.0074 & 0.4260 & 2.0160 & 0.2742 \\ -0.3388 & -0.2354 & -0.4859 & -2.2345 & -0.1493 \\ -0.2936 & -0.1313 & -0.4734 & -7.4997 & -0.2294 \\ 0.0026 & 0.0073 & -0.0099 & -0.1714 & 0.0071 \\ 0.0876 & -0.2762 & -0.0357 & 4.0408 & -0.3778 \end{bmatrix} \begin{bmatrix} DCNYDM_{t-2} \\ DEXSC_{t-2} \\ DIMSC_{t-2} \\ DTV_{t-2} \\ DEXR_{t-2} \end{bmatrix}
$$

从上述结果中的影响 DCNYDM 的方程中可知，滞后一期和滞后二期的人民币国际需求对当期人民币国际需求有正作用，即如果滞后一期和二期的人民币国际需求增长，则动量会促进人民币需求增长。滞后一期和滞后二期的我国出口变动以及进口变动都会对当期人民币需求变动有正影响。滞后一期和滞后二期的贸易产品差异度也会对当期人民币需求变动有正向作用，即我国贸易产品差异度提高会促进人民币国际需求增长。滞后一期汇率水平变化对人民币国际需求影响为负，滞后二期汇率水平的影响为正，也意味着人民币汇率变动会增加需求变动的不确定性。

（二）协整检验与模型平稳性检验

协整理论是 2003 年诺贝尔经济学奖得主恩格尔和格兰杰首先提出的，经济意义在于如果有各自的长期波动规律两个变量是协整的，那么它们之间存在长期稳定的关系。

表 6-3 显示，在 5% 的显著水平上，特征根迹表明存在三个协整关系，其中显示贸易相关变量与人民币需求量之间存在长期稳定的均衡关系。

然后，对该模型的稳定性进行检验，因为如果模型不稳定，某些结果将不是有效的（如脉冲响应函数的标准误差）。用 AR 根检验模型的稳定性，即如果被估计的 VAR 模型所有根的模的倒数小于 1，在单位元内，则该模型是稳定的。检验结果如图 6 - 1 所示。

表 6 - 3　　　　　　　无约束的协整检验结果（迹统计量）

协整向量个数	特征值	迹统计量	5% 显著水平临界值	P 值
没有	0.919836	199.0413	95.75366	0.0000
至多 1 个	0.747628	115.7597	69.81889	0.0000
至多 2 个	0.697060	70.32363	47.85613	0.0001
至多 3 个	0.304150	12.87924	15.49471	0.1193
至多 4 个	0.027280	0.912761	3.841466	0.3394

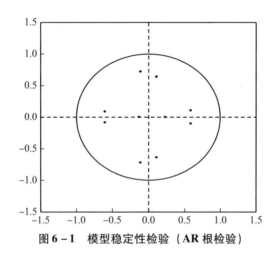

图 6 - 1　模型稳定性检验（AR 根检验）

（三）脉冲响应结果及分析

基于建立的 VAR(2) 模型已通过稳定性检验，可以进行脉冲响应分析和方差分解。

脉冲响应旨在衡量来自随机扰动项的一个标准差大小的冲击对内生变量当期值和未来值的影响。基于建立的 VAR 模型，进行脉冲响应后，得到我国贸易规模、贸易差额、贸易产品差异性对人民币国际需求的冲击影响结果如图 6 - 2 所示。

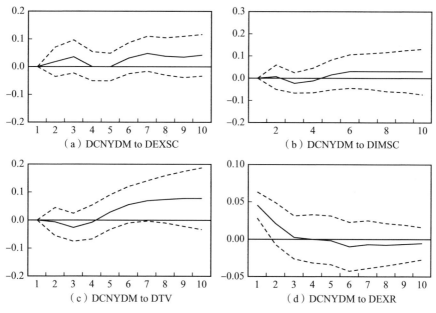

图 6 - 2　进出口贸易对人民币国际需求影响的脉冲检验结果

脉冲响应结果显示：

第一，中国出口规模对人民币国际需求影响为正。在给我国出口规模一个正冲击后，人民币国际需求将从第一期开始出现正反应，第三期到第五期之间有一定波动，之后有比较持续的正向影响，符合出口规模增长有利于对本币国际需求的理论分析。

第二，中国进口规模对人民币国际需求影响滞后，但长期是促进作用。在给我国进口规模一个正冲击后，人民币国际需求响应滞后，其中第一期到第五期响应很弱（在第二期到第四期有弱负响应），第五期后表现为稳定的正响应。这表示进口扩大对人民币需求的作用需要一定时间才会表现出来，并且进口对人民币需求的增长起到长期稳定的正影响，这一结论与世界货币经验表现的货币国际化后期进口拉动效果显著相符，并为理论分析中提及的"货币国际化后期货币国际循环适合贸易逆差和资本金融账户顺差的国际收支路径"起到了支撑。

第三，提高我国贸易产品差异度有利于人民币国际需求的产生和增长。

当给贸易产品差异度一个正冲击，人民币国际需求从第一期到第四期响应不明显，其中第二期到第四期有微弱的负响应，从第五期之后为正响应且逐渐上升且稳定在一定程度的正响应。其结果与理论分析相符合，一国出口产品与其他国家差异越显著，越有利于该国货币的国际需求增长。一开始反应微小说明出口产品差异都对货币国际化的影响有一定的滞后性，其原因主要是市场反应和我国贸易商获得较高议价能力需要一些时间，并且美元等国际货币的地位惯性会对经济主体的选择产生一定的干扰作用。

第四，人民币汇率提高对人民币国际需求有短期促进作用，但长期则是不利的。当给人民币汇率一个正冲击（直接标价法下，人民币相对贬值），人民币国际需求第一期就表现出正响应，但逐渐下降，第五期后表现为负响应并持续下去。原因可能是，当人民币突然贬值，但如果市场对人民币没有改变，则会反而会在人民币价格低时增加对人民币的持有，但是如果发现贬值持续，则会动摇市场信心，从而降低需求。

（四）方差分解

利用方差分析可以分析各因素与人民币国际需求变动互相贡献程度。本书重点分析贸易相关因素对人民币国际需求变动的解释贡献，下面对相关结果进行整理汇总，得到表6-4的方差分解结果。

表6-4　　　　　　　　人民币国际需求的方差分解结果

时期	标准误	DCNYDM	DEXSC	DIMSC	DTV	DEXR
2	0.1452	91.9297	3.9311	3.9706	0.0704	0.0983
3	0.1693	69.6404	14.1072	6.9548	2.3198	6.9778
4	0.1853	64.2911	12.0729	6.2553	2.0762	15.3044
5	0.2007	63.0991	10.4742	5.3632	3.9940	17.0695
6	0.2194	56.7114	12.0202	4.7643	10.1181	16.3861
7	0.2471	47.0667	15.2413	5.4178	16.0787	16.1956
8	0.2760	40.3523	15.3588	6.7563	20.5164	17.0162

续表

时期	标准误	DCNYDM	DEXSC	DIMSC	DTV	DEXR
9	0.3026	35.8999	15.1284	7.7299	23.7384	17.5034
10	0.3282	32.0935	15.4229	8.6417	25.9673	17.5464

通过方差分解，发现对人民币国际需求变化中，所考察因素的贡献率从大到小依次为：人民币国际需求自身影响、贸易产品的差异度、人民币汇率、出口贸易规模、进口贸易规模。说明对于目前人民币国际需求的增长，中国出口产品差异度提高的贡献大，人民币汇率次之，进出口规模的增长有一定解释力，其中出口比进口的影响大。

此外，结果显示，人民币国际需求从第一期起就受到自身波动冲击的影响，第一期自身波动的影响高达90%以上，后来逐渐下降，第十期时约为32.1%，再一次证实货币国际需求对自身的惯性影响，与国际经验一致，且为"一国货币如果已经获得一定国际货币地位，会在规模效应、网络外部性等作用下自我强化"的理论分析结果证据。

四、实证小结

前文已经对实证结果做了详细分析。下面进行简要小结：

第一，通过协整检验，得出进口规模、出口规模、贸易产品差异度与人民币国际需求存在长期均衡关系。

第二，通过脉冲响应分析各因素正冲击对人民币国际需求的作用，结果显示人民币国际需求对出口贸易、进口贸易及贸易产品差异度的正向冲击表现出较长时间、稳定的正响应，其中贸易产品差异度的影响相比更大。此外，进口贸易和贸易产品差异的反应有一定的滞后。这表明，要促进我国人民币国际需求的增长，需要继续保持贸易规模的扩大，不仅要提高出口，还要扩大进口。并且长期来说，提升贸易产品差异度十分重要，这需要靠我国生产力发展和技术提升。同时，还要注意人民币贬值会对人民币国际需求产生的负影响。

第三，通过方差分解，得到人民币国际需求有自我强化效果，贸易产品差异度变化和人民币汇率变化对人民币国际需求的变动解释性较高，进口贸易相比出口贸易解释度较小。

第二节　产业细分下的进出口贸易对人民币
国际需求的影响差异实证

一、实证目的与产业细分依据

第三章理论分析中通过微观建模得到产业生产要素密集性及主要生产要素产出弹性、产品需求价格弹性、市场竞争程度和市场份额等是影响贸易货币中的重要因素，为异质产业对货币国际需求影响效果差异提供了理论基础。上一节的实证结果也说明贸易规模对人民币国际需求变化的贡献不及贸易产品的差异度的贡献，为了进一步分析哪些产业的进出口对人民币国际需求更有效，本节进一步细化产业实证，使人民币国际化的策略获得更有实践意义的依据。

与上一节研究方法和过程一致，运用 VAR 模型进行实证分析。具体为，对不同类产业贸易分别构建模型，分析各类产业出口与进口对我国人民币国际需求变化的长短期影响，并对结果进行比较分析。考察变量包括人民币国际需求估计值，细分产业的进出口贸易值，也引入了人民币汇率（人民币有效汇率指数 REER）。

根据前文机理分析，本部分选择按要素密集度划分来考察产业差异下的进出口贸易对人民币需求的影响，把产业细分为资源密集型产业、劳动密集型制造业、资本密集型制造业、技术密集型制造业、知识密集型服务业。细分产业的依据是参照 2002 年的《国民经济行业分类》标准，通过分析该标准分类下我国主要贸易产业的特征，并参考张明志（2002）、张理（2007）

等学者相关研究进行分类。

关于细分产业的产业特征说明如下：

（1）资源密集型产业，是主要利用土地、矿产资源进行生产的产业，其生产受到自然资源的限制，提供一国最基础的生活资料和生产资料，资源密集型产业通常是资金密集型产业的基础，主要包括农林牧渔和矿产等相关产业。

（2）劳动密集型制造业，是指主要依靠大量劳动力生产，对技术和设备依赖程度较低的产业。劳动密集型产业属于较低层次的产业形态，与知识密集型产业和资本密集型产业相比，是低附加值的生产活动，且其增值能力有限，包括纺织、食品加工等产业。

（3）资本密集型制造业，是对资本投入需求高的行业，其产品产量同投资量成正比，主要分布在基础工业和重加工业，是发展国民经济、实现工业化的重要基础，包括运输设备制造业、石油化工、重型机械工业等产业。

（4）知识密集型制造业，是以智力、知识、技术、信息等为核心生产要素的产业，在生产中，技术知识所占比重大，科研费用高，劳动者文化技术水平高，产品技术性能复杂，附加价值高，更新换代迅速，是一个国家科技、教育和经济实力等多种因素综合发展的产物。

（5）知识密集型服务业，是发达国家和国际组织在研究和统计上广泛采用的一个概念。根据经验划分，知识密集型服务业内容主要包括教育培训服务、医疗卫生服务、金融服务、信息与通信服务、科技服务、商务服务等六类服务行业。

结合以上特点，对我国海关公布的我国主要进出口产业进行归类。产业分类和内涵具体如表6－5所示。

表6－5　　　　　　　　　　　细分产业类型与产业内容

产业分类	包括的具体产业	出口符号	进口符号
资源密集型产业	农业，林业，畜牧业，渔业，煤炭开采和洗选业，石油和天然气开采业，黑色金属矿采选业，有色金属矿采选业，非金属矿采选业	NME	NMI

产业分类	包括的具体产业	出口符号	进口符号
劳动密集型制造业	农副食品加工业，食品制造业，酒、饮料和精制茶制造业，烟草制品业，纺织业，纺织服装、服饰业，皮革、毛皮、羽毛及其制品和制鞋业，木材加工和木、竹、藤、棕、草制品业，家具制造业，造纸和纸制品业，印刷和记录媒介的复制，文教、工美、体育和娱乐用品制造业	LME	LMI
资本密集型制造业	石油、炼焦及核燃料加工业，化学原料和化学制品制造业，医药制造业，化学纤维制造业，橡胶和塑料制品业，非金属矿物制品业，黑色金属冶炼和压延加工业，有色金属冶炼和压延加工业，通用设备制造业，专用设备制造业，汽车制造业，铁路、船舶、航空航天和其他运输设备制造业，电气机械和器材制造业	CME	CMI
技术密集型制造业	计算机、通信和其他电子设备制造业，仪器仪表制造业，其他制造业，废弃资源综合利用业，电力、热力生产和供应业	TME	TMI
知识密集型服务业	邮政业，生态保护和环境治理业，广播、电视、电影和影视制作业，文化艺术业	KSE	KSI

在实证前，首先进行数据处理，为了避免数据的剧烈波动并一定程度上消除异方差，对变量取对数，并用 census X-13 方法做了季节性调整。接下来进行出口和进口两个方向的实证检验。

二、细分产业出口贸易影响实证

根据研究数据特点和变量关系，本节仍选择无约束的 VAR 模型进行实证，在模型基础上，进行协整检验、脉冲分析和方差分解分析，以考察各类产业出口贸易和人民币国际需求的相互影响的动态关系，重点分析出口贸易对人民币国际需求的作用。下面对五类细化产业出口和人民币国际需求的关系分别建立模型，然后进行检验和比较。

对五个细分产业出口贸易影响分别对应的模型如下：

模型 1：$cnydm_t = \alpha_1 cnydm_{t-1} + \cdots + \alpha_P cnydm_{t-p} + \beta NME_t + \gamma REER_t + \varepsilon_t$

模型 2：$cnydm_t = \alpha_1 cnydm_{t-1} + \cdots + \alpha_P cnydm_{t-p} + \beta LME_t + \gamma REER_t + \varepsilon_t$

模型 3：$cnydm_t = \alpha_1 \, cnydm_{t-1} + \cdots + \alpha_P \, cnydm_{t-p} + \beta \, CME_t + \gamma \, REER_t + \varepsilon_t$

模型 4：$cnydm_t = \alpha_1 \, cnydm_{t-1} + \cdots + \alpha_P \, cnydm_{t-p} + \beta \, KSE_t + \gamma \, REER_t + \varepsilon_t$

模型 5：$cnydm_t = \alpha_1 \, cnydm_{t-1} + \cdots + \alpha_P \, cnydm_{t-p} + \beta \, TME_t + \gamma \, REER_t + \varepsilon_t$

$cnydm_t$ 为第 t 期人民币国际需求测算值，$REER_t$ 为第 t 期人民币有效汇率指数，NME_t、LME_t、CME_t、KSE_t、TME_t 依次表示资源密集型产业、劳动密集型制造业、资本密集型制造业、技术密集型制造业、知识密集型服务业的出口额。检验条件与过程与前面（第六章第一节）一样，不再赘述过程，本节主要显示实证结果，并进行综合和比较分析。

首先，进行 ADF 检验以检验变量的平稳性。结果如表 6 - 6 所示。

表 6 - 6 变量的 ADF 检验结果

变量	ADF 检验值	临界值（5%）	P 值	是否平稳
cnydm	- 0.5607	- 2.9484	0.8667	不平稳
REER	- 2.9981	- 1.6397	0.4471	不平稳
CME	- 2.3736	- 2.9980	0.1596	不平稳
KSE	- 0.8367	- 2.9980	0.7893	不平稳
TME	- 3.1652	- 2.9980	0.0356	不平稳
LME	- 4.1389	- 2.9980	0.0042	平稳
NME	- 3.7547	- 2.9980	0.0100	平稳
D(cnydm)	- 5.3586	- 2.9511	0.0001	平稳
D(REER)	- 3.3698	- 3.0048	0.0237	平稳
D(CME)	- 5.4608	- 3.0048	0.0002	平稳
D(KSE)	- 6.0349	- 3.0048	0.0001	平稳
D(LME)	- 6.9064	- 3.0048	0.0000	平稳
D(NME)	- 8.2974	- 3.0048	0.0000	平稳
D(TME)	- 5.7397	- 3.0048	0.0001	平稳

在 ADF 检验后，发现五个细分产业出口对应的模型涉及的变量中，LME 和 NME 数据平稳，但其他数据不平稳，所有变量都为一阶差分后都平稳。但是由于 VAR 模型的建立必须要求数据平稳，所以使用差分后的平稳数据，并在滞后期确定后进行 VAR 建模，对所建立的模型进行稳定性检验，通过稳定性检验后再进行脉冲响应分析和方差分解。

对所构建的 5 个 VAR 模型进行稳定性检验，与上一小节相同，使用 AR 根进行检验，得到结果如图 6 - 3 所示。

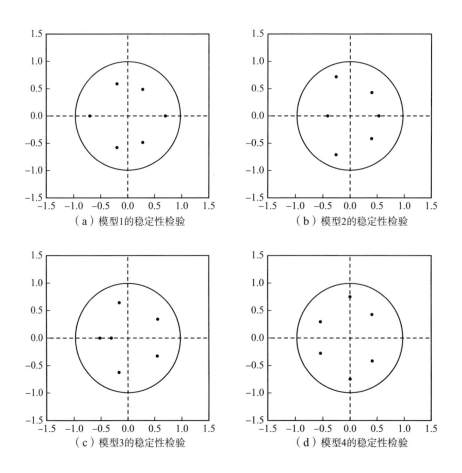

（a）模型1的稳定性检验　　　　　　（b）模型2的稳定性检验

（c）模型3的稳定性检验　　　　　　（d）模型4的稳定性检验

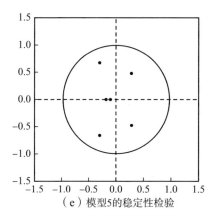

（e）模型5的稳定性检验

图6-3 出口产业细分模型稳定性检验结果

接着在稳定的VAR模型基础上，进行脉冲响应，因为VAR模型显示的是模型中各因素相互影响的结果，本书聚焦是在影响人民币国际需求的问题上，故提取人民币国际需求对其他因素冲击的响应结果以作分析。脉冲响应结果如图6-4所示。

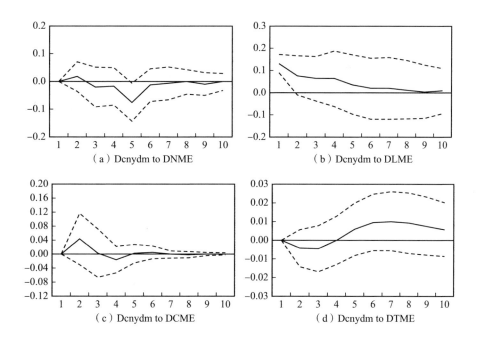

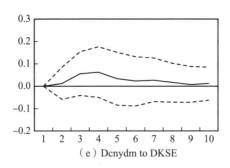

（e）Dcnydm to DKSE

图 6 - 4　各类产业出口对人民币国际需求的脉冲检验结果

脉冲响应结果显示出给各类产业出口额一个正冲击，人民币国际需求出现的响应，反映出其受到的短期影响。

首先，人民币国际需求对各类产业出口正向冲击的反应不一，验证了"不同产业贸易对货币国际需求影响差异"的理论观点，换而言之，并不是所有产业出口增长都会带来同样的本币国际需求增长，甚至有的产业可能会带来负影响，为本书开篇提出的"出口规模增长未必一定引致人民币国际化"提供经验证据，出口结构效应或更为重要，而这种重要性就是基于异质产业对人民币国际需求的影响差异。

其次，通过观察结果发现，资源密集型产业的出口对人民币国际需求的长期影响较小。具体表现是在第一期出现短暂的正作用，这可能是贸易规模效应带来的，但是在第二期后都为负响应，尤其是在第五期达到最低负值，滞后逐渐收敛至零，说明资源密集型产业出口对人民币国际需求增长作用不大。劳动密集型产业出口增长会从第一期开始带来人民币国际需求的增长，但是影响逐渐下降，到第九期左右已经几乎没有影响，这说明在我国人民币国际化的现阶段，劳动密集型出口扩大还是会在一定时间内促进人民币国际需求的。资本密集型产业出口同样表现出短期的促进作用，脉冲响应图中表现为人民币国际需求对资本密集型产业出口从第一期开始正响应，且在第二期达到最大，随后迅速减弱直至收敛为零。知识密集型服务业出口与也同样有促进作用，并且作用时间较长。与前面产业不同，人民币国际需求面对技术密集型制造业出口增长的冲击，一开始表现为负响应，但在第四期后就有长期且稳定的正响应，这一结论符合出口产品差异性高、需求价格弹性的产品，更有利于促进本币的国际需求的理论结论。

总的来说，主要有两点重要信息。第一，资源密集型制造业对人民币国际需求的影响较小，印证了理论分析中提出的"大宗商品类、原材料进口依赖制造业"类难以激发本国货币的国际需求，这些产业由于历史原因比较固定使用美元计价了，很难打破固有选择。第二，几乎所有产业出口扩大都会对人民币国际需求有正向作用，但是技术密集型产业出口的促进作用是长期且稳定的，提示我国未来应该努力发展技术和生产力，争取产业结构升级，争取提高技术密集型产业出口份额以为人民币国际需求增长创造更多机会。

最后，对方差分解结果进行综合，得到表 6 - 7。

表 6 - 7　　　　　　　　　　方差分解综合结果

时期	模型 1 资源密集型 制造业（NME）	模型 2 劳动密集型 制造业（LME）	模型 3 资本密集型制 造业（CME）	模型 4 技术密集型 制造业（TME）	模型 5 知识密集型 服务业（KSE）
1	0.0115	0.0000	20.2644	0.0000	0.0000
2	4.2514	19.5824	25.0981	0.6332	3.0790
3	5.2208	15.5318	27.9522	6.4791	4.6502
4	6.6653	14.3657	33.7021	14.5279	6.1857
5	7.4971	12.4819	34.0445	17.3757	7.2495
6	7.9662	11.8208	33.3848	18.0927	8.0366
7	8.3328	11.1723	36.0007	18.7969	8.5940
8	8.5939	10.4424	36.9344	18.7847	9.0015
9	8.8085	9.9275	36.0127	19.0185	9.3075
10	9.0115	9.5444	35.1027	19.0587	9.5477

对五个模型结果中引入各类产业出口的模型方差分解结果进行综合和比较，发现：在不同模型中，各类产业出口对人民币国际需求变动的解释力不同，其中资本密集型制造业出口和技术密集型出口解释力较高，其中资本密集型制造业的解释度从第一期 20% 左右到第十期上升到约 35%，技术密集型

从第二期开始影响增强，第十期达到 19% 左右。从而资源密集型产业、劳动密集型制造业、知识密集型服务业出口的解释力较小。说明从出口贸易角度来看，人民币国际需求增长更受到我国资本密集型制造业和技术密集型制造业出口的驱动，所以我国进行产业结构升级，以此改善贸易产品结构会促进人民币国际需求增长，这一结论可以为我国人民币国际化提供了来自出口贸易角度的策略供给更为明确的方向。

三、细分产业进口贸易影响实证

接下来对细分产业进口贸易对人民币国际需求的影响进行实证分析。实证和分析过程与第二节出口贸易影响一致。首先对五个细分产业进口贸易影响分别建立模型对应如下：

模型 1：$cnydm_t = \alpha_1 \, cnydm_{t-1} + \cdots + \alpha_P \, cnydm_{t-p} + \beta \, NMI_t + \gamma \, REER_t + \varepsilon_t$

模型 2：$cnydm_t = \alpha_1 \, cnydm_{t-1} + \cdots + \alpha_P \, cnydm_{t-p} + \beta \, LMI_t + \gamma \, REER_t + \varepsilon_t$

模型 3：$cnydm_t = \alpha_1 \, cnydm_{t-1} + \cdots + \alpha_P \, cnydm_{t-p} + \beta \, CMI_t + \gamma \, REER_t + \varepsilon_t$

模型 4：$cnydm_t = \alpha_1 \, cnydm_{t-1} + \cdots + \alpha_P \, cnydm_{t-p} + \beta \, KSI_t + \gamma \, REER_t + \varepsilon_t$

模型 5：$cnydm_t = \alpha_1 \, cnydm_{t-1} + \cdots + \alpha_P \, cnydm_{t-p} + \beta \, TMI_t + \gamma \, REER_t + \varepsilon_t$

$cnydm_t$ 为第 t 期人民币国际需求测算值，$REER_t$ 为第 t 期人民币有效汇率指数，NMI_t、LMI_t、CMI_t、KSI_t、TMI_t 依次表示资源密集型产业、劳动密集型制造业、资本密集型制造业、技术密集型制造业、知识密集型服务业的进口额。

首先，进行 ADF 检验，结果如表 6-8 所示。

表 6-8 　　　　　　　　　　变量的 ADF 检验结果

变量	ADF 检验值	临界值（5%）	P 值	是否平稳
cnydm	-0.5607	-2.9484	0.8667	不平稳
REER	-2.9981	-1.6397	0.4471	不平稳
NMI	-1.4804	-2.9981	0.5253	不平稳

续表

变量	ADF 检验值	临界值（5%）	P 值	是否平稳
CMI	−2.2426	−3.0207	0.1986	不平稳
TMI	−2.8545	−2.9981	0.0664	不平稳
KSI	−1.7071	−2.9981	0.4146	不平稳
LMI	−3.3308	−2.9981	0.0251	平稳
D(Cnydm)	−5.3586	−2.9511	0.0001	平稳
D(REER)	−3.3698	−3.0049	0.0237	平稳
D(NMI)	−3.9814	−3.0049	0.0063	平稳
D(CMI)	−6.7475	−3.0049	0.0000	平稳
D(TMI)	−5.9055	−3.0049	0.0001	平稳
D(LMI)	−5.6225	−3.0124	0.0002	平稳
D(KSI)	−4.5423	−3.0049	0.0018	平稳

ADF 检验得出除了 LMI 都为一阶平稳数据，所以使用平稳的差分数据进行 VAR 建模，并进行脉冲响应检验和方差分解后分析结果。

通过平稳后的数据对细分产业进口的 5 个模型进行滞后期检验（同前步骤），建立 VAR 模型，并对模型进行稳定性检验（AR 根），得到结果如图 6－5 所示。

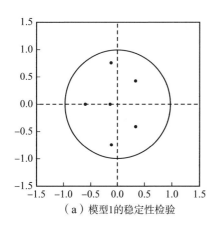 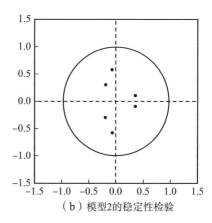

（a）模型1的稳定性检验　　　　　　（b）模型2的稳定性检验

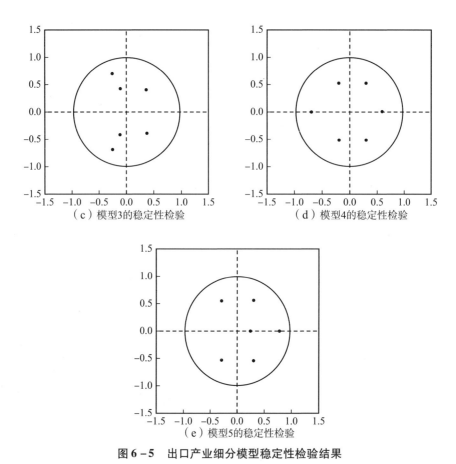

（c）模型3的稳定性检验　　　　　　　（d）模型4的稳定性检验

（e）模型5的稳定性检验

图6-5　出口产业细分模型稳定性检验结果

　　上图显示，构建的 VAR 模型均是稳定的。所以，可以基于稳定的模型进行脉冲响应及分析，脉冲响应结果如图6-6所示。

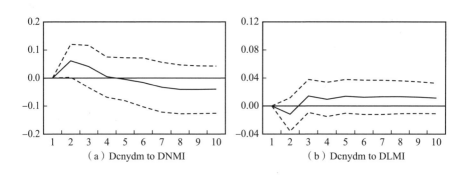

（a）Dcnydm to DNMI　　　　　　　（b）Dcnydm to DLMI

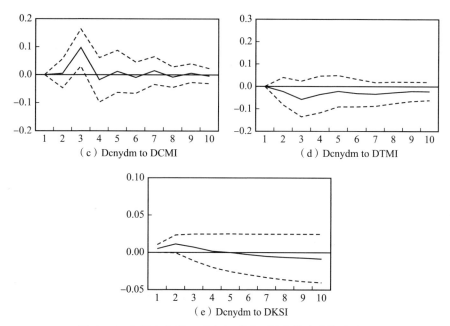

图6-6　各类产业进口对人民币国际需求的脉冲检验结果

脉冲响应结果显示，给各类产业进口额一个正冲击后人民币国际需求出现的响应，反映出各类产业进口正向冲击带来的影响。比较结果发现：

首先，人民币国际需求对各产业进口冲击的响应有明显差异，验证"异质产业进口的本币国际需求引致作用差异"的论点，说明除了进口规模增长，进口结构也比较重要，有的产业有短期正作用，有的为负作用，有的一开始有比较明显的正影响，但有的一直影响很小。

其次，在具体结果中，发现：第一，对资源密集型产品进口的正冲击，人民币国际需求从第一期开始出现正响应，在第二期达到峰值，随后反应逐渐负向发展，第五期后呈现负响应，并持续下去。这说明资本密集型产品进口会短期带来人民币需求的增加，但一段时间后则不利于人民币的需求，前段增加的原因可能是贸易的规模效应所致，而后来较长期的负响应还是可能因为资源密集型产品的美元结算惯性难以打破，以及出口商对进口资料依赖而对汇率风险"平衡"所以使用本币动力不足。第二，对于劳动密集型产业进口冲击，在第一、第二期的负相应后表现稳定的正响应，说明劳动密集型制造业进口有利于输出我国人民币。第三，对资本密集型制造业进口的正冲击，人民币国际需求也先出现较短时间（第二期到第四期）的正响应，然后逐渐收敛，表示资本密集型制造业进口对人民币输出作用不大。第四，对知识密集型服务业的进口冲击，人民币国际需求一开始表现出微弱的正响应，在第五期后表现为负响应。第五，对于技术密集型制造业进口，则是稳定的负响应，说明进口高新科技产品时，很难使用本国货币计价结算和引起其他职能的需求，使用他国货币贸易强化了其他货币的国际地位，从而对本国货币需求带来的是负影响，这一点也是符合理论分析。总的来说，比较这些产业进口对人民币国际需求的作用，劳动密集型进口有明显的促进作用，而技术密集型制造业进口扩大则明显不利于人民币的国际需求增长。

最后，与前面产业出口的实证结果相比，各产业进口对人民币国际需求短期影响结果差异更大，影响相对复杂。这一点和现实统计中的结果相符，如人民币国际化现状部分数据展示，人民币出口结算目前远超过人民币进口结算，说明的确至少在现阶段在进口角度引致人民币国际需求的作用小。

对方差分解结果进行综合总结，如表6-9所示。

表6-9   方差分解综合结果

时期	模型1 资源密集型 制造业（NMI）	模型2 劳动密集型 制造业（LMI）	模型3 资本密集型 制造业（CMI）	模型4 技术密集型 制造业（TMI）	模型5 知识密集型 服务业（KSI）
1	0.000000	0.000000	0.000000	0.000000	0.000000
2	12.75841	6.478589	0.003922	0.297458	2.193145
3	14.50614	10.73281	2.274910	0.481652	4.351653
4	11.54635	15.04673	2.298387	0.706128	4.775651
5	9.803445	17.65950	2.351926	0.799325	5.806313
6	9.415194	18.74917	2.344188	0.814620	5.800332
7	10.48993	19.20812	2.385794	0.797145	5.799370
8	12.23133	19.29563	2.384398	0.777943	5.853582

时期	模型1 资源密集型制造业（NMI）	模型2 劳动密集型制造业（LMI）	模型3 资本密集型制造业（CMI）	模型4 技术密集型制造业（TMI）	模型5 知识密集型服务业（KSI）
9	13.96049	19.19122	2.386388	0.766080	5.853806
10	15.45973	19.01758	2.386193	0.759683	5.853806

对五个模型结果中引入各类产业进口的模型方差分解结果进行综合和比较，发现：在不同模型中，各类产业出口对人民币国际需求变动的解释力不同，其中，对于现阶段人民币国际需求的波动，进口层面，劳动密集型制造业的贡献最大，劳动密集型制造业的影响从第一期开始增加到第七期达到19%作用且稳定，说明在进口劳动密集型产品时，我国进口商比较容易获得较高议价地位，使用本国货币计价结算，进而输出人民币引致人民币的国际需求。资源密集型制造业进口的作用次之。资本密集型产品进口和知识密集型服务业进口影响较小，而技术密集型进口的贡献最小，前十期都在1%以下，与前文分析结果一致性较高。

四、实证小结

从产业分类的对外贸易影响人民币国际需求结果的模型分析和对比，可以总结出：

（1）不管是出口层面还是进口层面，各类产业贸易对人民币国际需求都有明显的引致差异，实证结果验证"异质产业贸易对货币国际需求引致的差异性"。

（2）现阶段，我国出口贸易对人民币国际需求的促进作用整体比进口贸易产生的作用明显，与我国人民币结算数据相符（人民币出口结算主导），在短期内我国仍要依靠出口规模的持续增长保证人民币国际需求的产生。

（3）在出口贸易的影响中，多数产业出口都一定程度上带来人民币需求的短期增长。技术密集型产品出口的促进作用持续时间更长，且更稳定。在进口贸易的影响中，进口技术密集型产业的产品带来了一定程度的长期负影响。所以，促进人民币国际需求的长期增长，我国应进一步提高生产力和技术水平，重点通过高新技术产品、产品差异性高的产品出口的作用，逐渐减少这类产品的进口规模。资源密集型产品的出口和进口对人民币国际需求都出现了短暂的促进作用后，稳定表现为负的作用。与经验分析和理论分析一致，其原因是不管是历史习惯原因，还是这类产品本身多属于生活生产的必须资料、需求弹性小等其他原因，资源密集型产品大多使用美元，所以这类产品贸易量的增长是相对增加对美元的需求，不利于本币国际需求的增长促进。

第七章

主要结论与政策建议

第一节 主 要 结 论

对外贸易仍然是现阶段我国人民币国际需求驱动的主要路径之一，但对外贸易影响货币国际需求的机制和因素较复杂，我国对外贸易在为人民币国际需求增长提供机会时同时面临困境和机会。本书主要研究了对外贸易影响货币国际需求的机理，论证了贸易规模、贸易差额及产品差异度等非规模因素的影响效应，也考察了我国异质产业贸易对人民币国际需求的影响差异。下面对所得结论进行总结。

一、理论研究结论

第一，对外贸易影响货币国际需求的微观机理发现。本书从贸易企业利润最大化出发，通过比较不同货币计价结算的利益结果，推导出贸易中的微观选择影响因素，得到下面结论：

首先，贸易产品的需求价格弹性影响贸易货币选择。在两个国家、两种货币的微观模型论证下，在要素产出弹性不变的情况下，产品的需求价格弹性越大，计价结算货币是进口商所在国货币的可能性越大；而需求价格弹性越小，则越可能以出口商所在国货币计价结算。

其次，贸易产品的主导生产要素产出弹性影响贸易货币选择。如果主导要素产出弹性越大，则越可能实现出口国货币计价结算，而主导要素产出弹性越小，则越难以通过出口实现本币国际需求。也可推知，一国生产力的发达程度也影响货币国际需求，生产力越强，技术越发达，相同要素的产出弹性则越大。这一点可解释当发达国家和发展中国家进行贸易时一般使用发达国家货币贸易的现象。

再次，贸易产业的要素密集度影响货币选择。主要原因是要素密集度与产品需求弹性、要素产出弹性密切相关。根据不少经验研究显示我国劳动力要素的产出弹性小于资本要素的产出弹性，所以理论上，劳动密集型产品出口的人民币国际需求促进作用不及资本密集型和技术密集型产业出口，所以不同要素密集型产业贸易的货币选择也会不同。

最后，市场的竞争性和市场份额影响货币选择，但货币的选择最终是博弈下的结果。本书在竞争条件下进行模型和推导之后发现，除了出口商品的需求价格弹性、要素的产出弹性，货币选择还与出口国所占进口市场的份额、其他出口商的计价策略相关。如果出口所占市场份额很小，出口商则容易成为计价货币的被动接受者，进而会以进口国货币计价结算。如果市场份额较大，出口商议价能力强，但在竞争市场条件下仍要考虑其他出口商的货币选择，合作定价可以使出口商获得最优结果，即本国货币定价。但是在博弈结果中，发现合作均衡难以实现，在竞争性强的市场特征下，部分本国货币计价，或全部进口国货币计价更有可能成为现实，所以越具有垄断地位的产业贸易，越有利于本币国际需求引致。因此，竞争模型再次证明不同产业的本币国际需求引致力不同，因为异质产业在国际竞争性上有明显差异，比如技术密集型产业的竞争程度较低，所以技术密集性产业出口可能更容易引致本币的国际需求。

在多国多货币的拓展模型下，同样得到了关于要素产出弹性、产品需求价格弹性等的相似结论。但还有一种特殊情况的结论，即：如果所有厂商的市场份额都很小，需求价格弹性的影响力降低，则有较大可能在出口产品需求价格弹性大时，出口商依然倾向选择本国货币计价的方式出口。

第二，对外贸易对货币国际需求影响的宏观层面研究结论：

首先，对外贸易不但影响对货币的交易需求，还会间接作用投融资需求、储藏需求，产生对货币国际需求的"乘数效应"。本书对经典蒙代尔－弗莱明模型进行了货币国际化背景下的修正和应用，在开放经济中商品市场、货币市场以及国际收支互动框架，以及经济因素冲击会在国家之间传导的逻辑下，分析了对外贸易影响货币国际需求的动态机制。并提出了对外贸易对货币国际需求的间接影响及最终带来的"乘数效应"，即对外贸易间接促进国际投融资需求、本国金融机构国际扩张和本币离岸金融市场发展，并能刺激私人部门、金融机构及政府官方对该货币储备，最终从结算、投资、储备全面职能角度促进本币的国际需求增长。

其次，对外贸易通过规模、贸易差额、贸易产品差异性几个主要路径对货币国际需求发挥作用。贸易规模方面，庞大的进出口规模通过规模效应、网络效应、议价能力影响等机制来增加货币国际需求的可能，并且贸易规模变化会影响汇率变化的方向与波动性，进而影响微观主体的货币预期与信心，影响国际货币选择。贸易差额影响汇率、国家的外汇储备等方面，作用货币国际需求。同时，国际收支问题也与货币国际化不同阶段的货币循环密切相关，学者提出在货币国际化初期适合"贸易顺差，资本金融账户逆差"的货币国际循环方式，而在货币国际化后期更适合"贸易逆差，资本与金融账户顺差"的货币国际循环方式。贸易产品差异性决定厂商市场地位，市场地位又决定进出口双方谈判地位，而进出口贸易商最终确定的定价和结算货币最终又取决于双方利益和地位的博弈。理论分析认为，贸易规模扩大、贸易产品差异度提升有利于本国货币国际需求增长；贸易差额在货币国际化的不同阶段影响不一样，在初期贸易顺差对货币国际需求产生和增长更有利。

第三，在现实分析中，本书认为我国对外贸易现状对人民币国际需求进一步增长形成约束。通过对我国贸易规模、贸易差额、贸易依存度、贸易产品结构、国家整体和产业贸易竞争力、贸易方向等方面的现状及对人民币国际需求影响可能进行较为全面的分析，与现有文献不同，本书更多剖析出人民币需求进一步引致的问题存在，认为我国在贸易产业产品结构、地理结构、内部各地区对外贸易发展等方面对人民币国际化并不是很有利，并且会造成国际收支下人民币国际循环模式选择"两难"的局面。

二、实证研究结论

第一，主要世界货币经验实证部分通过美元、英镑、欧元、日元、加元、澳元、瑞士法郎七国货币和国家宏观数据进行动态面板的 SYS-GMM 分析后，得到主要结论：①贸易整体规模增长会促进本币国际需求增长。②贸易产品差异水平提高有助于本币国际需求的产生与增长。③贸易差额的影响为负，表示对于获得已经世界货币地位的这些发达国家来说，贸易逆差更有利于国际需求的进一步增长，进口贸易的作用更大。④其他显著影响因素：世界货币需求的滞后项影响显著，表示货币需求具有显著的惯性，且一旦成为国际货币后，其地位将存在有自我增强特征；此外汇率波动不利于本币国际需求增长。

第二，本书对我国进出口贸易对人民币国际需求的实证，先对进出口贸易影响人民币国际需求进行整体论证，再通过细分产业做进一步分析。

首先，通过基于人民币国际需求测算进行时间序列 VAR 建模、协整检验、脉冲响应和方差分解，得到关于进口和出口规模、贸易产品差异性期影响的结论如下：①进口规模、出口规模、贸易产品差异度与人民币国际需求存在长期均衡关系。②在现阶段，出口贸易规模和进口贸易规模都会促进人民币国际需求的增长，但是进口规模的作用发挥需要一定时间。短期内，出口对人民币国际需求的促进现阶段更加有效，但要重视进口对人民币输出的长期促进作用。③贸易产品差异度的提升有利于人民币国际需求的长期培养，但其效应有一定的滞后性。④与其他世界货币一样，人民币国际需求同样表现出显著的自我增强特征。

其次，对我国主要进出口产业进行细分，分为资源密集型产业、劳动密集型制造业、资本密集型制造业、技术密集型制造业和知识密集型服务业，构建时间序列模型，分别从出口、进口两个方向实证各类产业贸易对人民币国际需求的长短期影响。总体来说，通过对进出口实证结果进行整体比较，出口贸易仍然对人民币国际需求影响比进口贸易的影响更大。不管是出口层面还是进口层面，各类产业贸易对人民币国际需求都有明显的引致差异，实证结果验证"异质产业贸易对货币国际需求引致的差异性"。

细分产业实证具体结果显示：①在长期关系上，劳动密集型制造业进口与人民币国际需求、资本密集型制造业的出口与进口，人民币国际需求表现出长期均衡关系，其他类型产业不管进口还是出口都没有与之表现出长期均衡关系。②对于资源密集型产品不论进口还是出口的规模增长，短期可能会影响贸易的规模效应并促进人民币需求，但是较长期来说，对人民币国际需求带来的更可能是负的作用，也就是资源密集型产业贸易规模增长并不利于人民币国际化。③劳动密集型、资本密集型、技术密集型制造业的出口扩大对人民币国际需求都有短期促进作用，其中技术密集型的影响时间较长。④在进口层面，资源密集型产业和资本密集型制造业可以通过规模效应，短期促进人民币需求，但长期影响不大；劳动密集型制造业进口对人民币国际需求增长有促进作用。技术密集型制造业进口对人民币国际需求则表现较长期的负影响。

总的来说，在现阶段，我国出口规模的扩大仍然可以促进人民币国际需求的进一步增长，但要着重注意贸易产业结构的升级，尤其是利用技术密集型制造业出口的增长来进行人民币国际需求的长期促进。在进口方面，进口规模有一定作用，但要注意资源密集型进口和技术密集型制造业进口对人民币需求产生的长期影响是负向的，未来争取依靠生产力和研发能力的提高降低这两类产业未来进口规模，以及进一步突破这些产业美元结算的惯性。

第二节　政　策　建　议

基于研究结果，本书提出以下政策建议：

第一，保证我国贸易规模持续增长，升级贸易整体结构，为人民币需求的贸易引致路径提供持久动力。贸易规模增长和结构升级依靠的根本是我国的经济发展。我国产业优化、经济增长模式改变会增强世界各国对中国经济的信心，从而产生对人民币的正向预期，有利于人民币国际需求动机培养。我国需要在保证贸易整体规模增长的同时，重视对外贸易结构优化，提升和巩固企业的核心竞争力、产业链主导力和市场话语权，从贸易大国转向贸易强国，为人民币需求的贸易引致路径提供持久动力。在优化和发展中，利用产品差异化、服务差异化和相对竞争力，巩固和提升使用人民币定价和结算地位。转变外贸增长方式，促进贸易转型升级。现在我国出口产品行业集中性高，过度集中在纺织产品、机电产品等类别上。而随着我国经济迅速发展，与美国等其他国家贸易摩擦日益增多，要让我国出口能在未来经济摩擦和全球竞争中继续增长，保持对我国经济发展的贡献，就必须改善出口商品结构，将传统产业、主导产业和高新技术类战略产业相结合，增加传统产业的附加值，提高技术含量，积极开发高新技术产品，优化对外贸易结构。并且，积极参与国际产业分工格局的重塑、布局和整合，为国内外提供技术、产品和服务，利用区域乃至全球的深度合作来挖掘人民币国际需求潜在可能。

第二，提高制造业贸易产品的差异性，提升价值链地位，提高贸易地位带动人民币定价权。我国出口产品很多是加工制造，低附加值产品、科技含量不高，出口产品缺乏竞争力，出口企业定价能力低，在对外贸易中缺少话语权。生产中很多核心技术很多都被外商控制，缺乏自己的核心技术。我国应大力发展高端装备制造、信息技术、新能源、生物医药等新兴产业，鼓励企业引进先进技术及装备、加强研发，提高生产技术，在贸易流通中充分利用产品差异化、服务差异化，以提高相对竞争力，在国际贸易中占据更高的市场地位，获得更强的议价能力。

第三，缩小东部沿海和西部沿边的对外贸易差距，使这些战略地区协同作用人民币国际化的贸易驱动。要发挥东部、西部地区的各自比较优势，东部沿海地区应发挥其更为发达的经济基础和更加开放的市场支持等优势，西部地区应利用传统历史地理优势和"一带一路"倡议等新机会向周边国家进一步推进人民币的区域需求。目前，东部地区对外出口中资本密集型、技术密集型产业产品比例提升较快，这些产品的价格弹性比西部地区出口比例较高的农产品、简单机械等更大，更容易在贸易中引导人民币国际需求的发展，且金融市场更加成熟，更能提供更好的金融服务去促进和满足人民币国际需求。西部地区虽然在贸易的产品结构不具有东部的优势，但是其主要贸易对象是东盟等区域，而在与这些区域的贸易中，西部地区的贸易产品也有一定国际优势，且可以持续借助其地理位置的贸易便利进一步发挥其对外贸易的人民币国际需求引致作用。除此之外，我国内部也应有效推进从东部到西部的产能转移和合作，虽然东部地区劳动力成本增加，但是西部地区却还具有相对优势，把暂时还要依靠价格竞争的产业转移到西部沿边地区生产，一方面可以维持生产出口的价格竞争力，维系劳动力吸引型的外商直接投资；另一方面可以利用西部沿边地区的地理优势向周边的东南亚、南亚等国家出口，促进人民币跨境结算等策略的作用发挥。

第四，进一步突破资源密集型产品的美元交易惯性。出口导向型国家往往将国际大宗商品特别是能源贸易的定价和结算与特定货币（一般是美元）捆绑在一起，企业为了规避汇率风险，采用收、付、用货币一致的办法，这种做法会使已经作为惯例的计价结算货币职能在其他产业交易时强化，由此形成了其他货币国际化的障碍。大宗产品的定价选择将是其他货币打破原有货币选择惯性的重要契机，所以，如果一旦能够推进人民币在大宗商品对外交易中的使用，就会对人民币的国际需求起到长远的重要影响。近两年，伊拉克、伊朗等国开始用欧元等进行石油贸易、俄罗斯与中国签订原油供应协议等变化显示出国际大宗商品贸易"去美元化"趋势，我国应该把握契机提升人民币在大宗商品贸易中的计价和结算比例。此外，我国已经成为最重要的大宗商品进口国，在大宗商品贸易全球影响力增强，贸易中的话语权也日益增强。我国可以借鉴"石油美元"的发展历程，扩展人民币在石油、矿产等跨境贸易中的计价和结算职能，具体策略包括：以进口量大的铁矿石、有色金属、稀土等战略资源出口为突破口，建立人民币定价的示范效应；推动人民币服务国际石油定价和交易。与俄罗斯、中东国家、南美国家等资源产出国签订人民币贸易协议，开发当地能源现货和期货市场的人民币计价功能，逐步获得人民币在石油、天然气以及其他大宗商品期货的定价权；利用东盟国家的能源资源，通过对外投资促进能源进口贸易的调整，减少我国对世界其他国家能源进口的依赖，转为从东盟成员国进口所需能源，并通过人民币周边化制度安排的优势，减少能源交易中的货币锁定；继续与产油国签署双边本币互换协议等。

第五，从贸易优势考虑人民币需求驱动区域选择，重视中国与东盟及其他"一带一路"沿线国家贸易中的机会。自我国提出"一带一路"倡议以来，我国对"一带一路"沿线国家贸易增长迅猛。我国与"一带一路"沿线国家的贸易合作潜力不断释放，成为拉动我国外贸发展的新动力，且可能提供我国人民币需求增长的新机会。我国应进一步扩大与沿线国家的对外贸易，增强人民币对沿线国家经贸活动和基础设施建设活动的参与，在我国优势产业出口中引导人民币结算，提高人民币在基础设施建设融资安排中的使用率，增加人民币在政府援助、政策性贷款或债券发行中的使用率，提高人民币利用率。此外，要促进与"一带一路"沿线国家的电子商务合作与交流，研发和升级面向"一带一路"沿线国家的跨境电子商务系统，鼓励人民币计价结算，提高人民币结算的安全性、效率和吸引力，促进跨境贸易发展，加快人民国际需求增长。

第六，发展国内金融市场和人民币离岸金融市场，促进贸易对人民币需求乘数效应发挥。当前我国金融市场的开放度、深度和规模都还有很大的进步空间，跟国际市场相比，我国的金融衍生产品也比较单一。如果缺乏足够规模且成熟开放的金融市场，人民币是不可能在国际化路上走远的。在金融方面，可以考虑下面几个方面：一是促进人民币出口贸易信贷，在促进我国贸易规模继续增加的同时，发展人民币对外融资和贷款，进一步发挥人民币的国际职能。WTO 认为全球贸易融资缺口是阻碍全球贸易的重要原因之一，我国应争取对缺乏资金且对人民币贷款有接受意愿国家和地区提供更多的人民币出口贸易信贷，以输出人民币，增加人民币的海外存量和未来需求。二是创新推出符合人民币国际化需求的金融产品和服务，支持金融机构创新和供给更多实用的汇率风险管理工具及其他相关金融产品。三是鼓励和支持中资银行的海外扩张，也同时对外国银行和金融机构在中国经营提供更多机会与空间。四是在证券市场方面，虽然还不可以迅速开放，但可以通过优质企业的债券化、股权化来增加证券市场的吸引力，增加人民币资产的吸引力。五是进一步深化、广化金融服务网络，进一步加强基础设施建设、推动与人民币的直接兑换，降低其他国家货币与人民币兑换的成本，帮助人民币突破美元和欧元清算的路径依赖。

第三节　不足与展望

随着人民币国际化的推进及发展，其相关问题将继续作为值得深入研究的热点。受到理论模型设置和实证数据的约束，本书的研究有所抱憾，主要不足与展望如下：

第一，本书分析了分类产业贸易对货币需求的影响，但未能进一步将货币国际需求中分解出产品或行业的结果，也缺乏具体实际数据验证。主要原因是我国人民币国际化起步不久，数据十分有限，特别是有关行业、企业的货币使用数据没有系统统计，暂时无法支持对货币国际需求进行更翔实的微观解释，而现有文献也鲜有行业面板数据的相关实证。所以，随着未来人民币国际化进程发展，数据积累和系统统计，可以在这个方向进行更深的探索。此外，本书细分产业是根据要素密集型产业进行分类，这种分类方法是比较传统和习惯使用的方法，但后续研究可以根据研究目的的不同，考虑其他细化方式，比如从产品需求价格弹性角度、产业竞争力角度等进行划分。

第二，需求的测算。虽然有不少文献都对人民币国际需求进行了测算，但人民币国际需求的发展是动态的，在现有文献涉及因素之外会产生新的显著影响因素，比如可能会因随着支付宝、微信等海外移动支付形式的扩展而发生趋势变化。由于需求是无法通过统计所获得的数据，是一个估计值，所以为了持续获得更准确的数值，需要不断探索新的测算方法和影响因素。

第三，空间上的探究。本书探索的是人民币国际需求总体估计值与中国对外贸易的关系，要进一步深入进行人民币需求促进的空间布局研究，可以研究中国和特定某区域或国家之间的贸易关系及人民币需求引致。例如，与"一带一路"沿线国家的经济往来，是人民币国际化未来的突破口，后续研究可以在本书基础上进行空间可行性的探讨。

参 考 文 献

[1] 巴曙松. 人民币国际化的边贸之路 [J]. 浙经观察, 2003 (15): 11 - 12.

[2] 巴曙松. 香港: 人民币离岸金融中心 [J]. 改革与理论, 2002 (7): 30 - 32.

[3] 巴曙松, 严敏. 人民币现金境外需求规模的间接测算研究: 1999—2008 [J]. 上海经济研究, 2010 (1): 19 - 25.

[4] 巴曙松, 黄少明. 市场需求推动下的自发过程: 香港离岸人民币市场发展路径及影响 [J]. 国际贸易, 2003 (9): 46 - 50.

[5] 白晓燕, 邓明明. 不同阶段货币国际化的影响因素研究 [J]. 国际金融研究, 2016 (9): 86 - 96.

[6] 白钦先, 张志文. 外汇储备规模与本币国际化: 日元的经验研究 [J]. 经济研究, 2011 (10): 138 - 150.

[7] 白晓燕, 于晓宁, 国际金融投资视角下的货币国际化: 指标构建及长短期驱动因素分析 [J]. 国际金融研究, 2019, 383 (3): 55 - 64.

[8] 陈仁琪. 贸易结构对货币国际化的影响研究 [D]. 南昌: 江西财经大学, 2014.

[9] 陈鑫燕, 赵凯, 胡佳斐. 跨境贸易人民币业务与境外人民币存量: 一个实证研究 [J]. 上海金融, 2012 (3): 18 - 23.

[10] 陈雨露, 王芳, 杨明. 作为国家竞争战略的货币国际化: 美元的经验

证据：兼论人民币的国际化问题 [J]. 经济研究，2005 (2)：35 – 44.

[11] 陈湛匀. 关税变量下的 IS-LM-BP 模型及保持国际收支均衡有效政策选择 [J]. 新金融，2003 (11)：17 – 20.

[12] 成力为，孟雪. 经济开放度与中国货币政策的有效性：引入经济开放度的 IS-LM-BP 模型及验证 [J]. 哈尔滨工业大学学报 (社会科学版)，2010 (6)：50 – 60.

[13] 党大鹏，陈丁. 基于最优货币区理论的 "ASEAN + 3" 货币一体化程度研究 [J]. 经济问题，2017 (11)：48 – 55.

[14] 邓海清，方岑. 人民币国际化下的财政货币政策协调与利率决定：基于修正的 IS-LM-BP 模型的视角 [J]. 新金融评论，2015 (6)：90 – 101.

[15] 邓璐. 出口贸易结构与货币国际化 [D]. 长春：吉林大学，2014.

[16] 丁剑平，楚国乐. 货币国际化的影响因子分析：基于面板平滑转换回归 (PSTR) 的研究 [J]. 国际金融研究，2014 (12)：35 – 46.

[17] 董继华. 人民币境外需求规模估计：1999—2005 [J]. 经济科学，2008 (1)：55 – 66.

[18] 董有德，李晓静. "一带一路" 与跨境贸易人民币结算发展的地区差异：基于中国各省份面板数据的研究 [J]. 国际贸易问题，2015 (11)：3 – 14.

[19] 董有德，王开. 国际贸易结算币种内生选择机制研究：兼论人民币国际结算前景 [J]. 经济理论与经济管理，2010 (12)：66 – 70.

[20] 杜萌. 对外直接投资对人民币国际化的影响研究 [D]. 北京：中央财经大学，2016.

[21] 范爱军，冯栋. 人民币在东亚区域化路径探索的实证分析：基于最优货币区理论 [J]. 山西大学学报 (哲学社会科学版)，2014，37 (3)：56 – 61.

[22] 范祚军，夏文祥，陈瑶雯. 人民币国际化前景的影响因素探究 [J]. 中央财经大学学报 2018 (4)：30 – 43.

[23] 冯涛，魏金明. 国际贸易中计价货币选择的决定因素研究：基于微观

视角的局部均衡分析 [J]. 世界经济研究, 2011 (2): 20 - 26.

[24] 冯永琦, 陈冠羽. 离岸人民币境外需求的测度及提升路径研究 [J]. 国际经贸探索, 2018, 34 (11): 79 - 89.

[25] 傅缨捷, 丁一兵, 王莹. 日元国际化困境的原因探析: 双边贸易的直接影响与空间溢出效应 [J]. 亚太经济, 2014 (3): 32 - 37.

[26] 高海红, 余永定. 人民币国际化的含义与条件 [J]. 国际经济评论, 2010 (1): 46 - 64.

[27] 高洪民. 基于两个循环框架的人民币国际化路径研究 [J]. 世界经济研究, 2016 (6): 3 - 11.

[28] 国家外汇管理局课题组, 李东荣. 人民币在对外交往中计价结算问题研究 [J]. 金融研究, 2009 (1): 42 - 49.

[29] 韩民春, 袁秀林. 基于贸易视角的人民币区域化研究 [J]. 经济学 (季刊), 2007 (2): 401 - 420.

[30] 韩文秀. 人民币迈向国际货币与未来国际货币格局 [J]. 经济研究参考, 2011 (9): 17 - 32.

[31] 郝宇彪, 田春生. 人民币国际化的关键: 基于制约因素的分析 [J]. 经济家, 2011 (11): 64 - 72.

[32] 黄晓东. 两岸四地建立中元区的可行性研究: 基于 OCA 指数的分析 [J]. 国际贸易问题, 2006 (4): 119 - 124.

[33] 黄燕君, 包佳杰. 国际贸易结算货币理论及其对我国的启示 [J]. 国际商务 (对外经济贸易大学学报), 2007 (6): 40 - 45.

[34] 黄亦君. 外国直接投资流入口增加对我国内部和外部均衡冲击过程的一般模型: 兼论对蒙代尔 - 弗莱明模型的扩展 [J]. 绍兴文理学院学报, 2003, 23 (8): 9 - 82.

[35] 贾宪军. 金融资本跨境流动与储备货币地位: 基于日元经验的研究 [J]. 国际金融研究, 2014 (8): 37 - 45.

[36] 姜波克. 人民币国际化问题探讨 [J]. 证券市场导报, 1994 (5): 31 - 33.

[37] 李波, 伍戈, 裴诚. 升值预期与跨境贸易人民币结算: 结算货币选择

视角的经验研究 [J]. 世界经济, 2013 (1): 103 - 115.

[38] 李超. 中国的贸易基础支持人民币区域化吗? [J]. 金融研究, 2010 (7): 1 - 17.

[39] 李稻葵, 刘霖林. 人民币国际化: 计量研究及政策分析 [J]. 金融研究, 2008 (11): 1 - 16.

[40] 李华民. 铸币税的国际延伸: 逆转风险与人民币强势战略 [J]. 经济学家, 2002 (6): 90 - 95.

[41] 李建军, 甄峰, 崔西强. 人民币国际化发展现状、程度测度及展望评估 [J]. 国际金融研究, 2013 (10): 58 - 65.

[42] 李婧. 从跨境贸易人民币结算看人民币国际化战略 [J]. 世界经济研究, 2011 (2): 13 - 19.

[43] 李婧, 管涛, 何帆. 人民币跨境流通的现状及对中国经济的影响 [J]. 管理世界, 2004 (9): 51 - 58.

[44] 李婧, 徐奇渊. 人民币国际化进程的市场驱动力探索 [J]. 上海财经大学学报, 2010 (6): 76 - 82.

[45] 李艳丰, 曹龙骐. 基于网络外部性理论视角的人民币国际化机制探讨 [J]. 税务与经济, 2012 (6): 12 - 16.

[46] 林乐芬, 王少楠. "一带一路" 进程中人民币国际化影响因素的实证分析 [J]. 国际金融研究, 2016 (2): 75 - 83.

[47] 刘辉, 巴曙松. 人民币国际化条件分析: 历史机遇与现实选择 [J]. 北京航空航天大学学报, 2014 (2): 66 - 73.

[48] 刘旗. 国际贸易结算货币选择理论对人民币跨境结算的启示 [J]. 经济论坛, 2010 (1): 9 - 12.

[49] 刘锡良, 王丽娅. 国际货币竞争理论研究评述 [J]. 经济学动态, 2008 (5): 100 - 104.

[50] 刘艳. 进一步推进跨境贸易人民币结算试点的外汇管理政策研究 [J]. 南方金融, 2010 (2): 50 - 52.

[51] 娄季芳. 国际比较视角下的人民币国际化研究 [D]. 北京: 中共中央党校, 2012.

[52] 陆简. 制度变迁视角下的人民币国际化 [D]. 北京：中央财经大学，2015.

[53] 罗忠洲，吕怡. 我国企业跨境贸易结算货币选择的问卷调查分析 [J]. 世界经济研究，2014 (6): 10 – 16.

[54] 吕春燕，贺建风. 基于 VECM 模型的人民币国际化影响因素分析 [J]. 湖北经济学院学报，2017 (1): 55 – 60.

[55] 马荣华，饶晓辉. 人民币的境外需求估计 [J]. 国际金融研究，2007 (2): 51 – 60.

[56] 蒙震，李金金，曾圣钧. 国际货币规律探索视角下的人民币国际化研究 [J]. 国际金融研究，2013 (10): 66 – 73.

[57] 孟青兰. 国际贸易对货币国际化的影响 [D]. 广州：暨南大学，2017.

[58] 内野达郎. 战后日本经济史 [M]. 赵毅，李守贞，李春勤，译. 北京：新华出版社，1992.

[59] 潘理权. 人民币国际化发展路径及保障措施研究 [D]. 合肥：合肥工业大学，2011.

[60] 潘理权，杨善林. 科技实力在货币国际化中的作用分析 [J]. 中国软科学，2011 (8): 70 – 76.

[61] 潘英丽. 人民币国际化推进路径及其对上海的意义 [J]. 科学发展，2012 (6): 18 – 21.

[62] 彭红枫，谭小玉. 人民币国际化研究：程度测算与影响因素分析 [J]. 经济研究 2017 (2): 127 – 141.

[63] 彭红枫，谭小玉，陈文博，李艳丽. 亚洲货币合作和人民币区域化进程：基于带傅里叶变换的 SURADF 实证研究 [J]. 世界经济研究，2015 (1): 36 – 47.

[64] 人民币现金跨境流动调查课题组. 2004 年人民币现金跨境流动调查 [J]. 中国金融，2005 (6): 38 – 39.

[65] 任倩. 人民币国际化路经研究：基于人民币计价结算国际收支结构视角 [J]. 经济纵横，2013 (21): 67 – 68.

[66] 沙文兵. 汇率变动、贸易地位与人民币境外存量：基于 1994 – 2012 年

月度数据的实证分析 [J]. 中南财经政法大学学报, 2014 (1): 4 - 10.

[67] 石建勋, 全淑琴, 李海英. 人民币境外流通规模的估算: 基于货币需求缺口模型的实证研究 [J]. 广州大学学报 (社会科学版), 2012 (1): 67 - 73.

[68] 石巧荣. 国际货币竞争格局演进中的人民币国际化前景 [J]. 国际金融研究, 2011 (7): 36 - 44.

[69] 史龙祥, 葛绍慰, 王滢达. 市场份额影响力、进口市场集中度与贸易结算货币选择 [J]. 财贸经济, 2015 (10): 21 - 32.

[70] 史龙祥, 孙海鸣, 武皖, 欧元区国家向中国出口商品结算货币选择的影响因素 [J]. 世界经济, 2016 (5): 98 - 121.

[71] 苏春江. 东亚货币合作可行性的分析: 基于 OCA 指数模型的估算 [J]. 经济研究参考, 2013 (58): 55 - 60.

[72] 孙海霞. 货币国际化条件研究 [D]. 上海: 复旦大学, 2011.

[73] 童香英. 货币职能全视角下的货币国际化: 日元的典型考察 [J]. 现代日本经济, 2010 (5): 35 - 39.

[74] 万璟, 陶士贵. 国际收支结构与人民币国际化的双向影响研究: 基于 TVP-SV-VAR 模型的时变分析 [J]. 武汉金融, 2020 (1): 19 - 27.

[75] 王春桥, 夏祥谦. 人民币国际化: 影响因素与政策建议: 基于主要国际货币的实证研究 [J]. 上海金融, 2016 (3): 40 - 45.

[76] 王国明. 对新疆边境贸易及人民币境外流通情况的调查 [J]. 新疆财经, 2002 (4): 61 - 64.

[77] 王青林. 人民币国际化对内外经济均衡的影响研究 [J]. 南京农业大学学报 (社会科学版), 2014 (4): 111 - 119.

[78] 王琼, 张悠. 跨境贸易人民币结算影响因素的经验分析: 基于国际计价结算货币选择的视角 [J]. 财经问题研究, 2013 (7): 50 - 56.

[79] 吴文, 龚婷. 要素禀赋结构与货币国际化: 基于新结构经济学视角的初探 [J]. 国际经济合作, 2018, 396 (12): 80 - 85.

[80] 咸兵. 我国与"一带一路"国家货币联盟研究 [D]. 北京: 中央财经

大学，2018.

[81] 徐国祥，蔡文靖．金融发展下资本账户开放对货币国际化的影响 [J]．国际金融研究，2018 (5)：5-15.

[82] 徐奇渊．日元国际化的经验及其对人民币的启示 [J]．金融评论，2010 (2)：114-121.

[83] 颜超，陈平，何尔璇．推进人民币国际化的政策研究：基于国际货币结构影响因素的实证分析 [J]．新金融，2011 (10)：18-23.

[84] 杨佳琪，叶永刚，宋凌峰，等．引入风险因素的IS-LM-BP模型：欧美债务危机对中国影响研究的新视角 [J]．管理世界，2013 (5)：177-178.

[85] 杨荣海．当前货币国际化进程中的资本账户开放路径效应分析 [J]．国际金融研究，2014 (4)：52-63.

[86] 杨荣海．货币国际化与股票市场发展关系的实证分析 [J]．首都经济贸易大学学报，2012 (4)：55-62.

[87] 杨荣海，李亚波．资本账户开放对人民币国际化"货币锚"地位的影响分析 [J]．经济研究，2017 (1)：136-150.

[88] 叶冰．货币权力视角下的美元本位制危机研究 [D]．北京：外交学院，2019.

[89] 叶芳．金融市场发展、币值稳定与货币国际化：基于引入信息成本的资产选择模型 [J]．财经科学，2017 (6)：32-42.

[90] 叶华光．对外贸易影响人民币国际化的结构效应研究 [J]．甘肃金融，2010 (4)：43-46.

[91] 殷剑峰．人民币国际化："贸易结算+离岸市场"，还是"资本输出+跨国企业"?：以日元国际化的教训为例 [J]．国际经济评论，2011 (4)：53-68.

[92] 尹亚红．人民币FDI：基于人民币国际循环机制的分析 [J]．上海财经大学学报，2012 (2)：73-81.

[93] 余道先，邹彤．人民币国际化的国家异质性分析与人民币国际化进程 [J]．世界经济研究，2017 (7)：5-18.

[94] 余道先，王云. 人民币国际化进程的影响因素分析：基于国际收支视角 [J]. 世界经济研究，2015 (3)：3 - 14.

[95] 张纯威. 美元本位、美元环流与美元陷阱 [J]. 国际金融研究，2008 (6)：4 - 13.

[96] 张光平. 货币国际化程度度量的简单方法和人民币国际化水平的提升 [J]. 金融评论，2011 (3)：40 - 48.

[97] 张理. 应用 SPSS 软件进行要素密集型产业分类研究 [J]. 华东经济管理，2007 (8)：55 - 58.

[98] 张明志. 比较优势理论与中国产业发展 [D]. 厦门：厦门大学，2002.

[99] 张长全，曹素芹. 人民币国际化与中美贸易的相关性研究 [J]. 东北农业大学学报（社会科学版），2017 (2)：29 - 37.

[100] 赵然，伍聪. 结算货币选择理论研究评述 [J]. 经济理论与经济管理，2014 (7)：66 - 77.

[101] 赵志君，李睿. 蒙代尔 - 弗莱明模型的扩展与人民币汇率动态 [J]. 经济与管理研究，2016 (12)：57 - 65.

[102] 甄峰. 人民币国际化：路径、前景与方向 [J]. 经济理论与经济管理，2014 (5)：22 - 31.

[103] 中国人民大学国际货币研究所. 人民币国际化报告 [M]. 北京：中国人民大学出版社，2012.

[104] 中国人民银行泉州市中心支行课题组，俞敏，吴宇. 构建顺畅可控的境外人民币回流机制 [J]. 上海金融，2011 (8)：38 - 42.

[105] 钟伟. 略论人民币的国际化进程 [J]. 世界经济，2002 (3)：56 - 59.

[106] 钟伟. 人民币在周边国家流通的现状、问题及对策 [J]. 管理世界，2008 (1)：171 - 172.

[107] 钟阳. 货币国际化影响因素的实证研究 [D]. 长春：吉林大学，2013.

[108] 周光友. 电子货币的替代效应与货币供给的相关性研究 [J]. 数量经济技术经济研究，2009 (3)：129 - 138.

[109] 周宇. 论人民币国际化的两难选择 [J]. 世界经济研究，2012 (11)：22 - 28

[110] 朱孟楠，曹春玉. 货币国际化、金融稳定与储备需求 [J]. 统计研究，2019（3）：53 –66.

[111] 朱孟楠，曹春玉. 人民币储备需求的驱动因素：基于"一带一路"倡议的实证检验 [J]. 国际金融研究，2019（6）：37 –47.

[112] Aizenman J. The Internationalization of the RMB, Capital Market Openness, and Financial Reforms in China [J]. Financial Market Research, 2015, 20（3）：444 –460.

[113] Anderson J E, Van Wincoop E. Trade Costs [J]. Journal of Economic Literature, 2004, 42（3）：691 –751.

[114] Armstrong-Taylor P. Renminbi Internationalization [M]. Palgrave Macmillan UK, 2016.

[115] Bacchetta P, Van Wincoop E. A theory of the Currency Denomination of International Trade [J]. Journal of International Economics, 2005, 67（2）：295 –319.

[116] Bayoumi T, Eichengreen B, Hagen J V. European Monetary Unification: Implications of Research for Policy, Implications of Policy for Research [J]. Open Economies Review, 1997, 8（1）：71 –90

[117] Bilson J F O. The Choice of an Invoince Currency in Interntianal Transactions [M]//Bhandari J, Putnam B. Interdependence and Flexible Exchange Rates. MA: MIT Press, 1983.

[118] Chen H, Peng W, Shu C. The Potential of the Renminbi as an International Currency [R]. Hong Kong Institute for Monetary Research Working Paper, 2009.

[119] Chinn M, Frankel J A. Will the Euro Eventually Surpass the Dollar as Leading International Reserve Currency [R]. NBER, Working Paper, No. 11510, 2005.

[120] Chung W. Imported Inputs and Invoicing Currency Choice: Theory and Evidence from UK Transaction Data [J]. Journal of International Economics, 2015, 99：237 –250.

[121] Cipolla C M. Money, Prices, and Civilization in the Mediterranean World, Fifth to Seventeenth Century [M]. New York: Gordian Press, 1967.

[122] Cohen B J. The Benefits and Costs of an International Currency: Getting the Calculus Right [J]. Open Economies Review, 2012, 23 (1): 13 – 31.

[123] Cohen B J. The Seigniorage Gain of an International Currency: An Empirical Test [J]. Quarterly Journal of Economics, 1971, 85 (3): 494 – 507.

[124] Cohen B J. The Yuan Tomorrow? Evaluating China's Currency Internationalisation Strategy [J]. New Political Economy, 2012, 17 (3): 1 – 11.

[125] Devereux M B, Shi K, Xu J. Global Monetary Policy Under a Dollar Standard [J]. CEPR Discussion Papers, 2004, 71 (1): 113 – 132.

[126] Devereux M B, Dong W, Tomlin B. Importers and Exporters in Exchange Rate Pass-through and Currency Invoicing [J]. Journal of International Economics, 2017, 105: 187 – 204.

[127] Dobson W, Masson P. Will the Renminbi Become a World Currency? [J]. China Economic Review, 2009, 20 (1): 124 – 135.

[128] Donnenfeld S, Haug A. Currency Invoicing in International Trade: An Empirical Investigation [J]. Review of International Economics, 2003, 11 (2): 332 – 345.

[129] Donnenfeld S, Zilcha I. Pricing of exports And Exchange Rate Uncertainty [J]. Papers, 1989, 32 (4): 1009 – 1022.

[130] Dowd K, Greenaway D. Currency Competition, Network Externalities and Switching Costs: Towards an Alternative View of Optimum Currency Areas [J]. The Economic Journal, 1993, 103 (420): 1180 – 1189.

[131] Eichengreen B, Flandreau M. The Federal Reserve, the Bank of England and the Rise of the Dollar as an International Currency, 1914 – 1939 [J]. Social Science Electronic Publishing, 2012, 23 (1): 57 – 87.

[132] Eichengreen B, Kawai M. Issues for Renminbi Internationalization: An Overview [R]. ADBI Working Paper Series No. 454, 2014.

[133] Eichengreen B. The Dollar Dilemma [J]. Foreign Affairs, 2009, 11 (3): 47 – 49.

[134] Eichengreen B. The Euro as a Reserve Currency [J]. Journal of the Japanese & International Economies, 1998, 12 (4): 483 – 506.

[135] Eichengreen B. The Renminbi as an International Currency [J]. Journal of Policy Modeling, 2011, 33 (5): 723 – 730.

[136] Flandreau M, Jobst C. The Empirics of International Currencies: Network Externalities, History and Persistence [J]. The Economic Journal, 2009, 119 (537): 643 – 664.

[137] Frankel J. Internationalization of the RMB and Historical Precedents [J]. Journal of Economic Integration, 2012: 329 – 365.

[138] Friberg R, Wilander F. The Currency Denomination of Exports: A Questionnaire Study [J]. Journal of International Economics, 2008, 75 (1): 50 – 69.

[139] Fukuda S I, Ono M. On the Determinants of Exporters' Currency Pricing: History vs. Expectations [J]. NBER Working Papers, 2006, 20 (4): 548 – 568.

[140] Gagnon J. Internationalization of the Renminbi: The Role of Trade Settlement [J]. Peterson Institute for International Economics, 2014 (14): 1 – 8.

[141] Genberg H. Currency Internationalisation: Analytical and Policy Issues, Hong Kong Institute for Monetary Research [R]. Working Papers No. 31, 2009.

[142] Goldberg L, Tille C. Micro, Macro, and Strategic Forces in International Trade Invoicing: Synthesis and Novel Patterns [J]. Journal of International Economics, 2016, 102: 173 – 187.

[143] Goldberg L, Tille C. Vehicle Currency Use in International Trade [J]. Journal of International Economics, 2008, 76 (2): 177 – 192.

[144] Goldberg L, Tille C. The Internationalization of the Dollar and Trade Bal-

ance Adjustment [J]. Social Science Electronic Publishing, 2006, 102 (7): 589 – 590.

[145] Gopinath G, Itskhoki O, Rigobon R. Currency Choice and Exchange Rate Pass Through [J]. American Economic Review, 2010, 100 (1): 304 – 336.

[146] Graham B. World Commodities and World Currency [M]. Mcgraw-Hill Press, 1998.

[147] Grassman S. A Fundamental Symmetry in International Payment Patterns [J]. Journal of International Economics, 1973 (2): 105 – 116.

[148] Hoefele A, Schmidt-Eisenlohr T, Yu Z. Payment Choice in International Trade: Theory and Evidence from Cross-country Firm-level Data [J]. Canadian Journal of Economics, 2016, 49 (1): 296 – 319.

[149] Ingram J C. International Economic Problems [M]. Wiley Press, 1978.

[150] Ito H, Chinn M. The Rise of the "Redback" and China's Capital Account Liberalization: An Empirical Analysis on the Determinants of Invoicing Currencies [R]. Paper Prepared for the ADBI Conference, 2013.

[151] Ito T, Koibuchi S, Sato K, et al. Determinants of Currency Invoicing in Japanese Exports: A Firm-Level Analysis [R]. RIETI Discussion Paper No. 10-E-034, 2010.

[152] Ito T, Koibuchi S, Sato K. Exchange Rate Exposure and Exchange Rate Risk Management: The case of Japanese Exporting Firms [J]. Journal of the Japanese and International Economies, 2016, 41 (5): 17 – 29.

[153] Jenkins P, Zelenbaba J. Internationalization of the Renminbi: What It Means for the Stability and Flexibility of the International Monetary System [J]. Oxford Review of Economic Policy, 2013, 28 (3): 512 – 531.

[154] Kamps A. The Euro as Invoicing Currency in International Trade [J]. European Central Bank Working Paper Series No. 665, 2006.

[155] Kenen P B. Managing Exchange Rates [M]. Royal Institute of International Affairs, 1988.

[156] Kenen P B. The Role of the Dollar as an International Currency [R]. Occasional Papers No. 13, Group of Thirty, 1983.

[157] Kenen P B. Currency Internationalization An Overview [J]. Currency Internationalisation Lessons from the Global Financial Crisis & Prospects for the Future in Asia & the Pacific, 2009, 34 (4): 277 –287.

[158] Krugman P R. The International Role of the Dollar: Theory and Prospect [J]. NBER Chapters, 1984, 73 (2): 309 –327.

[159] Lai L C, Yu X. Invoicing Currency in International Trade: An Empirical Investigation and Some Implications for the Renminbi [J]. Social Science Electronic Publishing, 2014, 38 (1): 193 –229.

[160] Li Y, Matsui A. A Theory of International Currency: Competition and Discipline [J]. Journal of the Japanese and International Economics, 2009, 23 (4): 407 –426.

[161] Ligthart J E, et al. Has the Euro Affected the Choice of Invoicing Currency? [J]. Journal of International Money and Finance, 2012, 31 (6): 1551 – 1573

[162] Liu T. Trade Finance and International Currency: A Moneatary Search Approach [R]. MPRA Paper, No. 68834, 2016.

[163] Luther W J. Cryptocurrencies, Network Effects, and Switching Costs [J]. Contemporary Economic Policy, 2016, 34 (3): 553 –571.

[164] Matsuyama K, Kiyotaki N, Matsui A. Toward a Theory of International Currency [J]. Review of Economic Studies, 1993, 60 (2): 283 –307.

[165] Mckinnon R I. Money in International Exchange: The Convertible Currency System [M]. Oxford University Press, 1979.

[166] Mileva E, Siegfried N. Oil Market Structure, Network Effects and the Choice of Currency for Oil Invoicing [J]. Energy Policy, 2012, 44 (5): 385 –394.

[167] Mundell R. The Case for a World Currency [J]. Journal of Policy Modeling, 2012, 34 (4): 568 –578.

[168] Novy D . Hedge Your Costs: Exchange Rate Risk and Endogenous Currency Invoicing [R]. The Warwick Economics Research Paper Series (TW-ERPS), No. 944426, 2006.

[169] Ogawa E, Sasaki Y N. Inertia in the Key Currency [J]. Japan & the World Economy, 1998, 10 (4): 421 –439.

[170] Oi H, Otani A, Shirota T. The Choice of Invoice Currency in International Trade: Implications for the Internationalization of the Yen [J]. Monetary & Economic Studies, 2004, 22 (1): 27 –63.

[171] Ozeki Y, Tavlas G S. The Internationalization of Currencies [M]. Bulletin of the Museum of Natural History, University of Oregon, 1992.

[172] Page S A B. Currency of Invoicing in Merchandise Trade [J]. National Institute Economic Review, 2015, 81 (1): 77 –81.

[173] Papaioannou E, Portes R, Siourounis G. Optimal Currency Shares in International Reserves: The Impact of the Euro and the Prospects for the Dollar [J]. Journal of the Japanese and International Economies, 2006, 20 (4): 508 –547.

[174] Park Y C, Song C Y. Renminbi Internationalization: Prospects and Implications for Economic Integration in East Asia [J]. Vascular Pharmacology, 2011, 10 (3): 148.

[175] Philipp H. The Currency Denomination of World Trade after European Monetary Union [J]. Journal of the Japanese and International Economies, 1998, 12 (4): 424 –454.

[176] Poloz S S . Currency Substitution and the Precautionary Demand for Money [J]. Journal of International Money and Finance, 1986, 5 (1): 115 –124.

[177] Portes R, Rey H, Honkapohja G S . The Emergence of the Euro as an International Currency [J]. Economic Policy, 1998, 13 (26): 305 –343.

[178] Reiss G D. Invoice Currency: Puzzling Evidence and New Questions from Brazil [J]. Economia, 2015, 16 (2): 206 –225.

[179] Ronalds N. Gaining Currency: The Rise of the Renminbi (A Review) [J]. Financial Analysts Journal, 2017, 73 (3): 131 – 132.

[180] Rothwell R. The Future of the Dollar as an International Currency by Robert Z. Aliber [J]. The American Economic Review, 1967, 57 (4): 965 – 966.

[181] Sburamanian A. Renminbi: The Next International Reserve Currency? [J]. 中国对外贸易: 英文版, 2011 (11): 3.

[182] Siranova M, Rocha M D. Determinants Shaping the International Currency System: Where do Currencies Stand Relative to Their Equilibria? [J]. The World Economy, 2020, 43 (2): 458 – 483.

[183] Tavlas G S. The 'New' Theory of Optimum Currency Areas [J]. The World Economy, 1993, 16 (6): 663 – 685.

[184] Tavlas G S. The International Use of Currencies: the US Dollar and the Euro [J]. Finance & Development, 1998, 35 (2): 46 – 49.

[185] Thomas L R. Portfolio Theory and Currency Substitution [J]. Journal of Money Credit & Banking, 1985, 17 (3): 347 – 357.

[186] Tung C-Y, Wang G-C, Yeh J. Renminbi Internationalization: Progress, Prospect and Comparison [J]. China & World Economy, 2012 (5): 67 – 86.

[187] Vernon R. International Investment and International Trade in the Product Cycle [J]. International Executive, 1966, 8 (4): 10 – 16.

[188] Wu J, et al. The Conditions and Potential of RMB as an International Reserve Currency [J]. China Finance Review International, 2014, 4 (2): 103 – 123.

后　记

不负光阴，充满期待！愿未来生活可爱。